KB250951

현장에서 통하는

스포츠 마케팅

박 종 화

대|경|북|스

1판 1쇄 인쇄 2026년 3월 5일
1판 1쇄 발행 2026년 3월 10일

발행인 김영대
펴낸 곳 대경북스
등록번호 제 1-1003호
주소 서울시 강동구 천중로42길 45(길동 379-15) 2F
전화 (02)485-1988, 485-2586~87
팩스 (02)485-1488
e-mail dkbookss@naver.com

ISBN 979-11-7168-142-6 03690

프롤로그

강의실과 아이스링크 사이에서..

나는 국립대학교에서 스포츠마케팅을 가르친다. 강의실에서 학생들에게 시장 분석을 설명하고, STP 전략과 5P 믹스를 이야기하며, 스포츠 산업의 구조와 소비자 행동을 분석한다. 그러나 수업이 끝나면 나는 또 다른 자리로 향한다. 전남 유일의 아이스링크다. 강의실에서는 이론이 명확하다. 하지만 현장에서는 숫자가 더 명확하다.

전기료와 인건비는 기다려 주지 않고, 고객은 이론처럼 움직이지 않는다. 날씨, 지역 인구 구조, 제각각의 방학 일정, 작은 변수 하나가 매출을 바꾼다.

그 사이에서 나는 늘 질문해 왔다. “내가 가르치는 이 이론은 과연 현장에서 통하는가?” 이 질문은 나를 다시 공부하게 만들었다. 이론을 의심하기 위해서가 아니라, 이론을 현실 속에서 검증하기 위해서였다. 스포츠마케팅은 ‘설명하는 학문’이 아니라 ‘작동하는 전략’이어야 한다고 믿기 때문이다.

지난 약 20여 년 동안 외부로부터의 지원이 전무한 아이스링크를 동료 직원들과 함께 운영하며 수많은 선택의 기로에 섰다. 가격을 조정해야 할 때, 프로그램을 재설계해야 할 때 또는 고객이 줄어드는 이유를 분석해야 할 때마다, 나는 강의실에서 가르치던 개념들을 다시 꺼내 들었다. 그리고 하나씩 확인했다. 어떤 전략은 현장에서 더 강해졌고, 어떤 이론은 수정이 필요했다. 어떤 가설은 숫자로 증명되었고, 어떤 생각은 과감히 버려야 했다. 이 책은 그 검증의 결과다.

이 책은 학문적 개념을 어렵게 설명하려 하지 않는다. 대신, 왜 그 개념이 현장에서 필요했는지, 어떻게 적용했고, 무엇이 달라졌는지를 이야기하려 한다.

스포츠시설 창업을 준비하는 사람에게, 이미 운영 중이지만 방향을 고민하는 사람에게, 그리고 스포츠 산업을 배우는 학생들에게 이 책은 이론과 현장을 연결하는 다리가 되고자 한다. 스포츠는 감동의 산업이다. 그러나 시설 운영은 구조의 산업이다. 감동이 고객을 부르고, 구조가 사업을 지속시킨다.

나는 여전히 강의실에서 가르치고, 여전히 아이스링크의 불을 켠다. 그리고 그 두 공간 사이에서 스포츠마케팅이 어떻게 '통하는 전략'이 되는지 계속해서 확인하고 있다.

이 책은 그 여정의 기록이다.

2026년 2월

2026년 강의실과 아이스링크 사이에서

저자 박종화

차 례

제3부 스포츠마케팅 실행 전략

제4부 스포츠마케팅의 현장 적용

제5부 실습과 종합 적용

제1부

스포츠마케팅의 기초

제1장 스포츠마케팅이란 무엇인가

1. 스포츠마케팅의 정의

스포츠마케팅이란 스포츠를 매개로 가치를 창출하고, 그 가치를 소비자에게 전달하여 만족과 성과를 동시에 얻는 활동을 의미한다.

이는 단순히 스포츠를 홍보하거나 광고하는 것을 넘어, 스포츠 자체를 하나의 상품 또는 서비스로 기획·운영·관리하는 전 과정을 포함한다.

스포츠마케팅은 크게 두 가지 관점으로 나눌 수 있다(Mulin, Hardy & Sutton, Sports Marketing, 4th ed).

첫째, 스포츠를 활용한 마케팅이다.

기업이 스포츠를 광고·홍보 수단으로 활용하는 방식으로, 스포츠 스타 후원, 프로팀 스폰서십, 스포츠 이벤트 협찬 등이 여기에 해당한다.

둘째, 스포츠 자체의 마케팅이다.

스포츠 종목, 팀, 선수, 체육시설, 스포츠 프로그램을 하나의 상품(상품=제품=서비스)으로 보고, 이를 소비자에게 어떻게 제공하고 지속적으로 선택받을 것인지를 고민하는 활동이다.

이 책에서는 특히 생활체육, 지역 스포츠, 스포츠 창업과 연계된 '스포츠 자체의 마케팅'을 중심으로 다룬다.

2. 일반 마케팅과 스포츠마케팅의 차이

스포츠마케팅은 기본적으로 마케팅의 원리를 따르지만, 스포츠가 가진 고유한 특성 때문에 일반 마케팅과는 몇 가지 중요한 차이가 있다.

첫째, 결과를 통제하기 어렵다. 일반 제품은 품질과 결과를 일정 수준 관리할 수 있지만 스포츠는 경기 결과, 날씨, 선수 컨디션 등 예측 불가능한 요소가 많다. 하지만 스포츠제품 결과의 '불확실성'은 매번 새로운 감성과 흥분을 불러일으켜 제품수명주기(PLC : Product life cycle)에 좋은 영향을 주는 이점이 있다. 여기서 제품수명주기란 특정제품(상품)이 생겨나서 없어질 때까지의 수명을 말한다.

둘째, 감정적 소비가 매우 강하다. 스포츠 소비자는 합리적 판

일반 마케팅과 스포츠마케팅의 차이점

구분	일반 마케팅	스포츠마케팅
마케팅 대상	일반 상품 및 서비스	스포츠 종목, 팀, 선수, 시설, 프로그램, 이벤트
소비자의 역할	구매자 중심	구매자이자 참여자·팬
소비 성격	비교적 합리적·기능 중심	감정적·경험 중심
결과의 통제 가능성	품질·성과 비교적 통제 가능	경기 결과·성과 통제 불가
구매 동기	가격, 품질, 필요성	소속감, 재미, 성취감, 팬심
소비 형태	일회성 또는 반복 구매	지속 참여·관계 중심
상품의 형태	유형 상품 또는 명확한 서비스	경험·과정 중심의 무형 상품
브랜드 형성	광고·이미지 중심	스토리·기억·경험 축적
마케팅 초점	판매 촉진, 점유율 확대	참여 유도, 유지율, 팬 충성도
가격 인식	비용 대비 효용	가치·경험에 대한 투자
마케팅 실패 원인	제품 경쟁력 부족	경험 설계·관계 관리 실패

단보다 감정, 소속감, 팬심에 의해 행동하는 경우가 많다. 이는 브랜드 충성도가 높아질 수 있는 장점이지만, 동시에 실망과 이탈도 빠르게 일어날 수 있다는 의미이기도 하다.

셋째, 소비자가 동시에 참여자이기도 하다. 생활체육, 피트니스, 동호회 스포츠에서는 소비자가 단순한 관람객이 아니라 직접 참여하는 주체가 된다. 또한 관람스포츠일지라도 주최측이 어떤 스포츠경기를 상품으로 내놓았을 때, 그 경기는 생산되어지는 것이고 동시에 관람객은 관람이라는 형태로 소비하고 있는 것이다. 한마디로 서비스마케팅의 특성(무형성, 비분리성, 이질성, 소멸성)상 생산과 소비가 동시에 이루어진다는 사실이 일반마케팅과는 차별화된다. 따라서 경험의 질과 관계 관리가 매우 중요하다.

이러한 이유로 스포츠마케팅은 상품 중심이 아니라 '경험·관계·참여' 중심의 마케팅으로 이해해야 한다.

3. 스포츠 산업의 구조와 특징

1) 스포츠 산업의 개념과 범위

스포츠 산업은 스포츠 활동을 중심으로 형성되는 모든 경제적 활동의 집합을 의미한다. 단순히 운동을 하는 행위나 경기를 관람하는 활동에 그치지 않고, 이를 가능하게 하는 용품 생산, 시설 운영, 미디어 중계, 이벤트 기획, 관광, 디지털 콘텐츠까지 포함하는 복합 산업 구조를 가진다. 따라서 스포츠 산업은 하나의 업종이 아니라, 다양한 산업이 스포츠를 매개로 연결된 생태계라 할 수 있다.

스포츠 산업이 일반 산업과 다른 점은 그 중심에 '제품'이 아니라 '경험'이 있다는 점이다. 제조업은 유형의 제품을 생산하고, 소비자는 그 제품을 구매하여 소유한다. 그러나 스포츠 산업의 핵심은 소유가 아니라 참여와 관람, 그리고 그 과정에서 형성되는 감정과 관계다. 경기 결과는 통제할 수 없고, 선수의 퍼포먼스는 매번 다르며, 소비자의 반응 또한 예측하기 어렵다. 이러한 불확실성은 일반 산업에서는 위험 요소로 작용하지만, 스포츠 산업에서는 오히려 매력과 몰입의 요소가 된다.

스포츠는 경제적 가치와 사회적 가치를 동시에 가진다. 경제적으로는 고용 창출, 지역 경제 활성화, 관광 수입 증대, 관련 산업 성장 등의 효과를 낳는다. 사회적으로는 건강 증진, 공동체 형성, 세대 통합, 지역 정체성 강화와 같은 긍정적 영향을 준다. 특히 프로 스포츠 팀은 단순한 기업이 아니라 지역의 상징으로 기능하기도 한다.

현대 스포츠 산업은 문화, 관광, 미디어와 긴밀하게 연결되어 있다. 대형 스포츠 이벤트는 관광 산업을 활성화시키고, 스포츠 콘텐츠는 예능·드라마·다큐멘터리와 결합해 문화 산업의 일부가 된다. OTT 플랫폼과 스트리밍 서비스는 스포츠를 글로벌 콘텐츠로 확장시킨다. 이처럼 스포츠 산업은 독립된 영역이 아니라, 다양한 산업과 교차하는 확장적 산업 구조를 형성하고 있다.

2) 스포츠 산업의 가치 창출 구조

스포츠 산업의 가치 창출은 참여자에서 시작된다. 운동을 하는 사람, 경기를 관람하는 팬, 팀을 응원하는 시민이 존재하지 않는다면 스포츠 산업은 성립할 수 없다. 즉, 산업의 출발점은 항상 '사람'이다.

참여와 관심이 형성되면, 경기와 선수라는 콘텐츠가 생산된다. 경기는 단순한 경쟁이 아니라 하나의 스토리이며, 선수는 단순한 참가자가 아니라 브랜드 자산이 된다. 이러한 콘텐츠는 경기장이라는 물리적 공간을 넘어 미디어와 디지털 플랫폼을 통해 확산된다. 방송, 스트리밍, SNS, 하이라이트 영상은 스포츠 경험을 시간과 공간의 제약 없이 전달한다.

가치는 미디어를 통해 확산되면서 수익으로 전환된다. 입장권 판매, 참가비, 회비와 같은 직접 수익이 발생하고, 스폰서십, 광고, 중계권 판매와 같은 간접 수익이 형성된다. 또한 굿즈 판매,

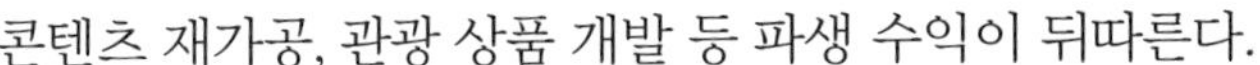
콘텐츠 재가공, 관광 상품 개발 등 파생 수익이 뒤따른다.

이러한 구조는 일회성으로 끝나지 않는다. 팬은 다시 경기를 관람하고, 어린 팬은 참여자로 성장하며, 참여자는 다시 관람자가 되기도 한다. 스포츠 산업은 참여-콘텐츠-확산-수익-재참여로 이어지는 순환 구조를 가진다.

3) 스포츠 산업의 1차·2차·3차 구조

스포츠 산업은 경제 구조의 관점에서 1차, 2차, 3차 산업으로 구분해 볼 수 있다.

1차 산업은 스포츠 활동 자체를 의미한다. 선수의 경기, 생활체육 참여, 동호회 활동 등이 여기에 해당한다. 이는 산업의 출발점이며, 가장 근본적인 영역이다.

2차 산업은 스포츠 활동을 가능하게 하는 용품·장비·시설 산업이다. 운동복, 신발, 보호 장비, 경기장, 체육관 등이 포함된다. 이는 스포츠 활동이라는 원재료를 기반으로 유형의 제품과 시설을 제공하는 영역이다.

3차 산업은 미디어, 이벤트, 관광, 스포츠 경영 서비스 등과 같이 스포츠를 매개로 한 서비스 산업이다. 방송 중계, 스포츠 마케팅, 구단 운영, 대회 기획, 스포츠 관광 등이 여기에 속한다.

이 세 구조는 독립적으로 존재하지 않는다. 경기가 있어야 용품이 판매되고, 용품 산업이 발전해야 참여가 확대되며, 미디어가 이를 확산시켜 더 큰 산업으로 성장한다. 즉, 스포츠 산업은 상호의존적 구조를 가진다.

4) 스포츠 산업의 핵심 특징

스포츠 산업은 경험 중심 산업이다. 소비자는 제품을 소유하기보다 경험을 소비한다. 경기장에서의 응원, 운동 후의 성취감, 팀과 함께한 기억이 핵심 가치가 된다.

또한 감정 소비 산업이다. 팬은 합리적 계산보다 소속감, 자부심, 열정에 의해 소비를 결정한다. 이 감정적 요소는 충성도를 형성하는 동시에, 산업의 변동성을 키우는 요인이 되기도 한다.

브랜드 가치 중심 구조 역시 중요한 특징이다. 팀과 선수의 이미지, 스토리, 역사, 철학은 경제적 가치로 환산된다. 브랜드는 단순한 로고가 아니라, 축적된 경험과 기억의 집합이다.

결과의 불확실성 또한 스포츠 산업의 독특한 특징이다. 경기 결과는 예측할 수 없고, 이러한 불확실성이 산업의 흥미와 몰입을 만들어낸다.

마지막으로 스포츠 산업은 사람 중심 서비스 산업이다. 지도자, 선수, 운영자, 팬이 모두 산업의 구성원이며, 인적 자원의 질이 곧 산업 경쟁력이 된다.

5) 스포츠 산업의 수익 구조 이해

스포츠 산업의 수익은 직접 수익과 간접 수익, 파생 수익으로 나눌 수 있다.

직접 수익은 참가비, 입장권, 회비와 같이 소비자가 직접 지불하는 비용이다. 이는 가장 기본적인 수익 구조다.

간접 수익은 스폰서십, 광고, 중계권 판매 등에서 발생한다. 특히 관람 스포츠 산업에서는 중계권이 주요 수익원이 된다.

파생 수익은 굿즈 판매, 콘텐츠 제작, 스포츠 관광 등에서 발생한다. 이러한 수익은 브랜드 가치가 높을수록 확대된다.

또한 스포츠 산업은 지역 경제에 파급 효과를 미친다. 대회 개최는 숙박·외식·교통 산업을 활성화시키며, 지역 이미지를 강화한다.

6) 스포츠 산업과 지역 경제

스포츠 산업은 지역 밀착형 산업 구조를 가진다. 특히 생활체육은 지역 주민의 참여를 기반으로 형성되며, 지역 커뮤니티와 긴밀하게 연결된다.

생활체육과 지역 기반 비즈니스는 상호 보완적 관계에 있다. 동네 체육관, 스포츠센터, 도장은 지역 경제의 일부를 형성한다.

스포츠 이벤트는 도시 브랜딩의 수단이 되기도 한다. 대회와 행사는 도시의 이미지를 형성하고, 관광객을 유치한다.

지자체는 스포츠 시설 투자, 이벤트 유치, 생활체육 지원 정책 등을 통해 스포츠 산업과 직접적으로 연결된다. 따라서 스포츠 산업은 민간 영역과 공공 영역이 함께 작동하는 산업 구조를 가진다.

7) 디지털 전환과 스포츠 산업의 변화

OTT와 스트리밍 플랫폼의 등장으로 스포츠 관람 방식은 크게 변화하였다. 팬은 더 이상 특정 시간과 장소에 묶이지 않는다.

온라인 참여 스포츠 역시 확대되고 있다. 홈트레이닝, 온라인 클래스, 비대면 코칭은 참여 스포츠 산업의 새로운 형태다.

데이터와 기술은 스포츠 산업을 정밀화하고 있다. 웨어러블 기기, 경기 분석 시스템, 퍼포먼스 데이터는 선수와 일반 참여자 모두에게 영향을 미친다.

e스포츠는 스포츠 산업의 확장을 보여주는 대표적 사례다. 신체 활동 중심 스포츠와는 다르지만, 경쟁·관람·브랜드·스폰서십 구조를 공유한다는 점에서 산업의 일부로 자리 잡고 있다.

4. 스포츠마케팅이 필요한 이유

스포츠마케팅이 중요한 이유는 다음과 같다.

첫째, 스포츠 산업 경쟁이 심화되고 있기 때문이다. 체육시설, 스포츠 프로그램, 피트니스 센터 등이 다양한 형태로 계속 증가하고 있으며, 단순히 '운동을 할 수 있다'는 이유가 아니라 운동을 일상생활화 하고자 하는 욕구를 불러 일으키는 홍보를 통해 국가적 의료비 지출을 줄이는 광의의 의도도 포함되어 있다. 대한민국의 의료비 지출은 매년 증가해 2024년 기준 GDP대비 8.4%를 기록했다.

둘째, 소비자의 기준이 변화했기 때문이다. 소비자는 가격뿐만 아니라 분위기, 서비스, 커뮤니티, 브랜드 이미지를 함께 고려한다. 이를 통하여 소비자는 삶의 질 향상과 특정집단에 소속되고자 하는 욕구를 동시에 추구한다.

셋째, 지속 가능한 운영을 위해 필요하다. 마케팅이 없는 스포츠 사업은 단기 운영에 그치기 쉽고, 고객 유지와 재참여를 만들기 어렵다. 즉, 스포츠마케팅은 '홍보 기술'이 아니라 스포츠 현장을 지속시키는 경영 전략이다.

5. 스포츠마케터의 역할과 진로

스포츠마케터는 단순히 광고를 만드는 사람이 아니다. 스포츠마케터의 핵심 역할은 다음과 같다.

- 스포츠 상품과 서비스를 기획한다
- 소비자와 시장을 분석한다
- 프로그램과 이벤트를 설계한다
- 브랜드 이미지를 관리한다
- 고객 경험과 관계를 유지한다

스포츠마케터의 진로는 다양하다.

- 프로 스포츠 구단 및 협회
- 체육시설·스포츠센터 운영
- 스포츠 이벤트 기획사
- 스포츠 브랜드 및 용품 회사
- 지역 스포츠 사업·창업
- 공공 체육기관 및 지자체 스포츠 행정

특히 최근에는 소규모 스포츠 창업, 지역 기반 스포츠 비즈니스, 커뮤니티 중심 스포츠 활동에서 스포츠마케터의 역할이 점점 확대되고 있다.

스포츠마케팅은 “스포츠를 이해하고, 사람을 이해하며, 현장을 지속 가능하게 만드는 실천적 학문”이다. 이 책은 이론을 넘어 현실에서 바로 써먹을 수 있는 스포츠마케팅의 기본 틀을 제공하는 것을 목표로 한다.

【현장 스토리】

중소 규모 생활체육센터의 스포츠 마케팅 체험

박태성은 체육학과를 졸업한 뒤, 수도권 인근의 한 중소 규모 생활체육센터에서 스포츠마케터로 일하고 있다. 이 센터는 헬스와 GX 프로그램, 소규모 러닝·필라테스 수업을 운영하는 전형적인 지역 기반 체육시설이었다. 한때는 안정적인 회원 수를 유지했지만, 대형 프랜차이즈 피트니스 센터가 인근에 들어오면서 상황이 달라졌다. 시설은 낡아 보였고, 가격 경쟁에서는 밀렸다. 회원 수는 조금씩 줄어들었고, 신규 회원이 들어와도 몇 달을 채우지 못하고 떠나는 일이 반복됐다.

박태성의 역할은 전단지를 돌리거나 SNS 광고를 만드는 것이 아니었다. 센터장이 그에게 기대한 것은 "이곳을 사람들이 다시 찾게 만드는 방법"을 찾는 일이었다. 그는 스포츠마케팅을 단순한 홍보 활동이 아니라, 스포츠라는 경험 전체를 설계하는 일로 이해했다. 운동 프로그램 자체보다 더 중요한 것은 사람들이 이 공간에서 무엇을 느끼고, 왜 다시 오고 싶어지는지에 대한 이유라고 판단했다.

현장을 살펴본 그는 일반적인 상품 마케팅 방식이 그대로 통하지 않는다는 사실을 금방 깨달았다. 운동의 효과는 짧은 시간에 눈에 보이지 않고, 회원의 만족도는 숫자로 측정되는 결과보다도 첫 방문에서의 인상, 수업 중 분위기, 트레이너와의 관계 같은 감정적 요소에 크게 좌우됐다. 그는 가격 할인이나 단기 이벤트보다, 처음 센터를 찾은 사람이 어떤 경험을 하느냐에 집중하기로 했다. 첫 방문 오리엔테이션은 제각각이었고, 첫 수업 이후 회원의 상태를 묻는 과정도 없었다. 박태성은 이 지점이 문제라고 보았다.

이 센터가 속한 산업은 관람 스포츠가 아니라 참여 스포츠 산업이었다. 고객은 관중이 아니라 직접 몸을 움직이는 참여자였고, 동시에 센터의 분위기를 만들어 가는 구성원이었다. 그는 신규 회원을 많이 끌어오는 것보다 기존 회원이 오래 남아 있도록 만드는 것이 더 중요하다고 판단했다. 스포츠마케팅의 핵심을 '유입'이 아니라 '지속'에 두기로 한 것이다.

박태성은 센터의 강점을 다시 정리했다. 대형 센터처럼 최신 시설은 없었지만, 트레이너와 회원 사이의 거리감이 적었고, 혼자 운동하러 와도 어색하지 않은 분위기가 있었다. 그는 이 점이야말로 이 센터가 가질 수 있는 가장 큰 가치라고 보았다. 이후 마케팅 메시지는 "운동을 잘하는 사람을 위한 곳"이 아니라 "운동을 계속하고 싶은 사람을 위한 공간"으로 바뀌었다.

그의 일상은 현수막이나 포스터를 만드는 것보다 현장을 관찰하는 데 더 많은 시간을 할애하는 모습으로 채워졌다. 신규 회원이 처음 센터에 들어왔을 때 어떤 표정으로 둘러보는지, 첫 수업이 끝난 뒤 탈의실에서 어떤 반응을 보이는지, 3주 차쯤 되었을 때 출석률이 떨어지는 이유는 무엇인지 하나하나 살폈다. 이를 바탕으로 초보자를 위한 4주 적응 프로그램이 만들어졌고, 첫 수업 이후 간단한 만족도 확인과 안내가 표준화되었다. 트레이너들과의 정기 미팅을 통해 회원 응대 방식도 조금씩 정리되었다.

이러한 변화는 화려하지 않았지만 서서히 효과를 냈다. 눈에 띄는 광고 캠페인을 하지 않았음에도 불구하고, 회원들의 재등록률이 점차 올라갔다. 체험 수업만 듣고 떠나던 사람들이 이제는 실제 회원으로 전환하는 비율도 높아졌다. 무엇보다 기존 회원이 지인을 데려오는 경우가 늘었다. 센터는 더 이상 '그냥 운동하는 곳'이 아니라, 편안하게 몸을 맡길 수 있는 공간으로 인식되기 시작했다.

박태성의 사례는 스포츠마케팅이 단순히 스포츠를 홍보하는 기술이 아니라는 점을 분명하게 보여준다. 스포츠마케터는 광고 담당자가 아니라, 사람과 경험을 연결하는 설계자에 가깝다. 스포츠 산업에서 마케팅이 필요한 이유는 바로 여기에 있다. 결과를 통제하기 어려운 스포츠 환경 속에서, 사람들이 계속 참여하고 싶어지는 구조를 만드는 것. 박태성이 현장에서 수행한 스포츠마케팅은 이론서에 나오는 개념이 아니라, 스포츠 현장을 지속 가능하게 만드는 현실적인 전략이었다.

제2장
스포츠 산업과 시장의 이해

스포츠마케팅을 이해하기 위해서는 먼저 스포츠가 어떤 산업 구조 속에서 움직이고 있는지를 파악해야 한다. 스포츠는 단순한 여가 활동이나 경기 행위가 아니라, 다양한 상품과 서비스, 사람과 경험이 결합된 하나의 산업이다. 스포츠마케터는 이 산업 구조와 시장 특성을 올바르게 이해해야만 효과적인 전략을 수립할 수 있다.

1. 스포츠 산업의 분류

스포츠 산업은 매우 폭넓은 영역을 포함하고 있으며, 광의의 분류로는 참여 스포츠 산업, 관람 스포츠 산업, 스포츠 용품.서비스산업의 3체계로 분류할 수 있다. 세부분류 5체계로는 위의 3체계에 스포츠 서비스 산업과 스포츠기술 콘텐츠 산업을 더해 서로 분리된 영역이 아니라, 상호 연계되며 하나의 스포츠 생태계를 형성한다.

1) 참여 스포츠 산업

참여 스포츠 산업은 개인이 직접 스포츠 활동에 참여하는 것

을 중심으로 형성된 산업이다. 헬스장, 피트니스 센터, 수영장, 요가·필라테스 스튜디오, 스포츠 동호회, 생활체육 프로그램, 학교·지역 체육 수업 등이 여기에 포함된다.

이 산업의 가장 큰 특징은 지속성이다. 참여 스포츠는 한 번의 소비로 끝나지 않고, 반복적인 참여를 전제로 한다. 따라서 신규 고객 유치보다 기존 참여자의 유지와 만족도가 사업 성과에 더 큰 영향을 미친다. 또한 참여 스포츠 산업에서는 지도자, 코치, 트레이너와 같은 '사람'이 서비스의 핵심이 되며, 시설의 규모보다 관계와 경험의 질이 중요하게 작용한다. 이 때문에 참여 스포츠 산업에서의 마케팅은 가격 경쟁보다는 프로그램 설계, 경험 관리, 커뮤니티 형성에 초점을 맞추는 경우가 많다.

2) 관람 스포츠 산업

관람 스포츠 산업은 스포츠를 직접 참여하기보다 보는 것을 중심으로 소비하는 산업이다. 프로 스포츠 리그, 구단 운영, 스포츠 경기 관람, 티켓 판매, 중계 방송, 스포츠 이벤트, 스폰서십과 광고 등이 여기에 해당한다.

이 영역에서는 경기 결과와 스타 선수, 팀의 성적이 소비자 반응에 큰 영향을 미친다. 팬은 단순한 고객이 아니라 팀과 선수에 감정적으로 몰입하는 존재이며, 강한 소속감과 충성도를 보인다.

따라서 관람 스포츠 산업의 마케팅은 팬 경험 관리, 브랜드 이미지, 스토리텔링, 미디어 활용이 핵심 요소가 된다.

관람 스포츠 산업은 규모가 크고 자본 집약적인 특징을 가지지만, 최근에는 지역 연고 구단, 아마추어 리그, 소규모 스포츠 이벤트 등 다양한 형태로 확장되고 있다.

3) 스포츠 용품·서비스 산업

스포츠 용품·서비스 산업은 스포츠 활동과 관람을 가능하게 하거나 보조하는 모든 상품과 서비스를 포함한다. 스포츠웨어, 운동화, 장비, 보호대와 같은 물리적 제품뿐만 아니라, 스포츠 데이터 분석, 트레이닝 앱, 웨어러블 기기, 스포츠 콘텐츠 서비스도

여기에 속한다. 이 산업은 기술 발전과 밀접하게 연결되어 있으며, 스포츠 산업 전체의 혁신을 이끄는 역할을 한다. 특히 최근에는 기능성 소재, 맞춤형 장비, 디지털 트레이닝 서비스가 확대되면서 스포츠 용품·서비스 산업의 중요성이 더욱 커지고 있다.

스포츠마케팅 관점에서는 제품의 기능적 우수성뿐만 아니라, 브랜드 이미지, 사용 경험, 스포츠 라이프스타일과의 연결성이 중요한 요소로 작용한다.

4) 스포츠 서비스 산업

스포츠 서비스 산업은 스포츠 활동이 실제로 이루어지도록

스포츠 산업의 분류

대분류	중분류	주요 내용	구체적 예시
참여 스포츠 산업	생활체육 산업	일반인이 직접 참여하는 스포츠 활동	헬스장, 피트니스, 요가·필라테스, 수영장
	학교·청소년 스포츠	교육 목적의 스포츠 활동	학교 체육, 방과 후 스포츠, 스포츠클럽
	동호회·커뮤니티 스포츠	자발적 참여 중심 스포츠	러닝 크루, 축구·농구 동호회
	스포츠 교육·지도	스포츠 기술 및 체력 지도	개인 트레이닝, 스포츠 학원
관람 스포츠 산업	프로 스포츠 산업	직업 선수·리그 중심 스포츠	프로야구, 프로축구, 프로농구
	아마추어·지역 스포츠	지역·생활 기반 경기 관람	지역 리그, 학교 경기
	스포츠 이벤트 산업	대회·축제·행사	마라톤 대회, 시민 체육대회
	스포츠 미디어 산업	스포츠 중계·콘텐츠	TV 중계, 스트리밍, 스포츠 채널
스포츠 용품 산업	스포츠웨어	운동복·기능성 의류	트레이닝복, 러닝웨어
	스포츠 장비	경기·훈련 장비	공, 라켓, 보호대
	스포츠 용품	보조·소비재	물병, 매트, 소형 기구
스포츠 서비스 산업	스포츠 시설 운영	스포츠 공간 제공	체육관, 경기장, 아이스링크
	스포츠 관리·운영	조직·시설 관리	구단 운영, 시설 관리
	스포츠 관광	스포츠 결합 관광	스포츠 캠프, 대회 관광
스포츠 기술·콘텐츠 산업	스포츠 테크놀로지	기술 기반 스포츠	웨어러블, 데이터 분석
	디지털 스포츠 콘텐츠	온라인 스포츠 콘텐츠	운동 앱, 온라인 클래스
	e스포츠	디지털 경쟁 스포츠	e스포츠 리그, 게임 대회

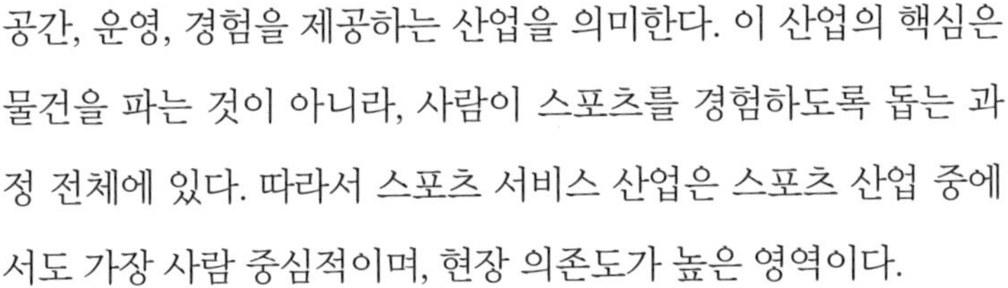

공간, 운영, 경험을 제공하는 산업을 의미한다. 이 산업의 핵심은 물건을 파는 것이 아니라, 사람이 스포츠를 경험하도록 돕는 과정 전체에 있다. 따라서 스포츠 서비스 산업은 스포츠 산업 중에서도 가장 사람 중심적이며, 현장 의존도가 높은 영역이다.

대표적으로 스포츠 시설 운영 산업이 여기에 포함된다. 체육관, 헬스장, 수영장, 아이스링크, 경기장은 단순한 공간 제공을 넘어, 안전 관리, 예약 시스템, 운영 시간, 이용 편의성까지 함께 제공하는 서비스다. 같은 시설이라도 운영 방식과 서비스 품질에 따라 소비자의 만족도는 크게 달라진다.

또한 스포츠 조직 및 운영 서비스 역시 중요한 부분이다. 프로스포츠 구단 운영, 스포츠센터 관리, 스포츠 이벤트 운영 등은 스포츠 활동이 지속되도록 뒷받침하는 서비스 산업이다. 이 영역에서는 인력 관리, 프로그램 기획, 고객 응대 능력이 핵심 경쟁력이다.

스포츠 관광 역시 스포츠 서비스 산업의 한 축이다. 스포츠 캠프, 전지훈련, 대회 참가형 여행, 지역 스포츠 이벤트 관광 등은 스포츠 경험과 관광 서비스를 결합한 형태로, 최근 지자체와 지역 경제 활성화 전략에서 중요한 역할을 하고 있다.

스포츠 서비스 산업의 가장 큰 특징은 무형성과 동시성이다. 서비스는 눈에 보이지 않고, 제공과 소비가 동시에 이루어진다. 따라서 스포츠마케팅에서는 광고보다 현장 경험, 사람의 태도, 운영의 일관성이 성패를 좌우한다. 고객은 스포츠 서비스를 이용한 뒤에야 그 가치를 판단하게 되며, 이 경험이 곧 브랜드 이미지로 이어진다.

5) 스포츠 기술·콘텐츠 산업

스포츠 기술·콘텐츠 산업은 스포츠 활동과 경험을 기술과 미디어를 통해 확장·보조·재구성하는 산업이다. 이 산업은 스포츠를 특정 공간과 시간에 묶어 두지 않고, 언제 어디서나 경험할 수 있도록 만든다는 점에서 최근 가장 빠르게 성장하고 있다.

스포츠 기술 산업은 하드웨어와 소프트웨어를 모두 포함한다. 웨어러블 기기, 심박수·동작 분석 장비, 운동 기록 시스템, 경기 데이터 분석 기술 등은 선수뿐 아니라 일반인 스포츠 참여자에게도 널리 활용되고 있다. 이러한 기술은 운동의 효과를 수치화하고, 개인 맞춤형 스포츠 경험을 가능하게 만든다.

스포츠 콘텐츠 산업은 스포츠를 보거나 배우는 방식을 변화시켰다. 온라인 운동 클래스, 트레이닝 영상, 스포츠 예능, 하이라이트 영상, 숏폼 콘텐츠 등은 스포츠를 관람과 참여의 경계 없이 소비하게 만든다. 특히 디지털 플랫폼을 기반으로 한 콘텐츠는 개인 트레이너, 소규모 스포츠 사업자에게 새로운 기회를 제공한다.

e스포츠 역시 스포츠 기술·콘텐츠 산업의 중요한 영역이다. 전통적인 신체 스포츠와 달리 디지털 환경에서 이루어지지만, 경

쟁·관람·팬 문화라는 스포츠의 핵심 요소를 공유한다는 점에서 스포츠 산업의 확장된 형태로 이해된다.

이 산업의 특징은 확장성과 재사용성이다. 하나의 콘텐츠나 기술은 반복적으로 활용될 수 있으며, 물리적 공간의 제약을 크게 받지 않는다. 그만큼 스포츠마케팅에서는 콘텐츠 기획력, 플랫폼 이해, 디지털 커뮤니케이션 능력이 중요한 경쟁력이 된다.

2. 스포츠 소비자의 특징

스포츠 소비자는 일반 소비자와 비교했을 때 몇 가지 뚜렷한 특징을 보인다.

첫째, 스포츠 소비는 감정적 요소의 비중이 크다. 팬심, 소속감, 성취감, 즐거움과 같은 감정이 구매와 참여 결정에 큰 영향을 미친다.

둘째, 스포츠 소비자는 능동적 참여자인 경우가 많다. 특히 참여 스포츠 산업에서는 소비자가 단순한 구매자가 아니라 경험의 주체가 된다. 즉, Prosumer(생산적 소비자)를 의미한다.

셋째, 스포츠 소비는 지속성과 습관성을 가진다. 운동이나 팬 활동은 일회성이 아니라 반복적인 패턴으로 나타나며, 이로 인해 충성 고객이 형성되기 쉽다.

이러한 특성 때문에 스포츠마케팅은 단기 판매보다 장기 관계 관리에 초점을 두어야 한다.

3. 스포츠 시장의 트렌드

스포츠 산업과 시장은 사회 변화와 기술 발전에 따라 빠르게 변화하고 있다. 최근 스포츠 시장을 이해하기 위해 반드시 주목해야 할 주요 트렌드는 다음과 같다.

1) 생활체육의 확대

과거 스포츠가 일부 선수나 특정 계층의 활동이었다면, 현재 스포츠는 일상적인 건강 관리와 여가 활동의 중심으로 자리 잡고 있다. 생활체육 참여 인구가 증가하면서, 스포츠는 경쟁보다 건강, 즐거움, 지속성을 중심으로 재편되고 있다.

이로 인해 소규모 체육시설, 개인 맞춤형 프로그램, 지역 중심 스포츠 활동의 중요성이 커지고 있으며, 스포츠마케팅 역시 전문성보다는 접근성과 친근함을 강조하는 방향으로 변화하고 있다. 그러한 맥락에서 학교체육, 생활체육 그리고 엘리트체육의 연계를 도모하고, 학생스포츠활동의 저변확대 및 유·청소년의 생애

주기별 스포츠복지를 실현하고자 지역기반 스포츠클럽들이 전국적으로 활성화되고 있다.

2) 디지털·미디어 스포츠의 성장

디지털 기술의 발전은 스포츠 소비 방식에 큰 변화를 가져왔다. SNS, 유튜브, 숏폼 영상, 스트리밍 플랫폼을 통해 스포츠는 언제 어디서나 소비되는 콘텐츠가 되었다.

또한 트레이닝 앱, 온라인 클래스, 웨어러블 기기를 활용한 데이터 기반 스포츠 서비스가 확대되면서, 스포츠 소비는 오프라인 공간을 넘어 디지털 환경으로 확장되고 있다. 스포츠마케터는 이제 현장뿐만 아니라 온라인과 미디어 환경까지 고려한 통합 전략을 요구받고 있다.

3) 지역 기반 스포츠 비즈니스의 확대

최근 스포츠 시장에서는 지역을 기반으로 한 스포츠 비즈니스가 주목받고 있다. 지역 체육시설, 지역 스포츠 이벤트, 커뮤니티 중심 프로그램은 대형 프랜차이즈와는 다른 경쟁력을 가진다.

지역 기반 스포츠 비즈니스는 규모보다는 관계, 신뢰, 커뮤니티를 중심으로 성장하며, 스포츠마케팅 역시 지역 특성과 참여자의 생활 반경을 고려한 전략이 중요하다. 이는 예비 창업자나 소규모 스포츠 사업자에게 특히 현실적인 기회가 된다.

정리

스포츠 산업은 참여, 관람, 용품·서비스 산업이 서로 연결된 복합 구조를 가지며, 스포츠 소비자는 감정과 경험을 중심으로 행동한다.

오늘날 스포츠 시장은 생활체육 확대, 디지털화, 지역 기반 비즈니스의 성장이라는 흐름 속에서 빠르게 변화하고 있으며, 스포츠마케팅은 이러한 산업과 시장의 특성을 정확히 이해하는 데서 출발해야 한다.

제2부

스포츠마케팅 전략의 핵심 도구

제3장 환경 분석과 시장 분석

1. 왜 환경 분석이 필요한가

스포츠마케팅은 감정과 경험을 다루는 분야이지만, 전략 수립은 철저히 분석에서 출발해야 한다. 많은 스포츠 조직과 사업자가 "운동은 좋으니까 잘 될 것"이라는 막연한 기대만으로 시작하지만, 시장은 그렇게 단순하지 않다. 스포츠 산업에서 환경 분석은 단순한 통계 파악이 아니라, 어떤 조건 속에서 사업과 마케팅이 이루어지는지 이해하는 과정이다.

스포츠 산업은 감정 소비 산업이다. 팬의 열정, 참여자의 동기, 지역의 자부심이 소비를 이끈다. 그러나 감정은 변동성이 크다. 경기 성적이 떨어지면 팬 수가 줄고, 트렌드가 바뀌면 참여 인구가 이동한다. 그렇기 때문에 감정 산업일수록 오히려 냉정한 분석이 필요하다. 환경 분석은 이러한 변화를 예측하고 대응 전략을 마련하기 위한 기본 작업이다.

환경을 보지 못하면 전략 실패로 이어진다. 예를 들어, 출산율이 급격히 감소하는 지역에서 유소년 중심 스포츠 학원을 대규모로 확장하는 것은 구조적으로 위험하다. OTT와 디지털 플랫폼이 확산되는 상황에서 오프라인 관람 경험만을 고집하는 것도 시장 흐름을 읽지 못한 사례가 된다. 환경 분석은 실패를 예방하는 최소한의 안전장치다. 또한 환경분석은 마케팅전략의 방향을 결정한다. STP 전략은 누구를 대상(Targeting)으로 할 것인지 결정하는 과정이고, 5P 전략은 어떻게 현장에서 실행할 것인지 정하는 과정이다. 이 모든 판단의 기초는 환경 분석이다. 즉, 환경 분석은 전략의 출발점이다.

2. 스포츠 환경 분석의 기본 구조

스포츠 환경 분석은 크게 거시 환경과 미시 환경으로 나누

어 이해할 수 있다.

1) 거시 환경 분석 (Macro Environment)

거시 환경은 개별 조직이 통제할 수 없는 외부 조건을 의미한다.

인구 구조 변화는 스포츠 산업에 직접적인 영향을 미친다. 저출산과 고령화는 유소년 스포츠 시장 축소와 시니어 스포츠 시장 확대라는 구조적 변화를 만든다. 지역 인구 감소는 체육시설 운영의 지속 가능성을 위협할 수 있다.

경제 환경 역시 중요하다. 가처분 소득이 증가하면 여가 소비가 확대되지만, 경기 침체가 발생하면 스포츠 소비는 우선순위에서 밀려날 수 있다. 스포츠는 필수재가 아닌 선택재의 성격을 가지기 때문이다.

사회·문화 환경은 스포츠 트렌드를 결정한다. 건강에 대한 관심이 높아지면 참여 스포츠가 성장하고, 특정 종목이 미디어를 통해 주목받으면 관련 산업이 확대된다. 여가 문화의 변화는 스포츠 참여 방식에도 영향을 준다.

기술 환경은 최근 가장 빠르게 변화하는 요소다. 디지털 전환, OTT, 스포츠 테크, 웨어러블 기기는 참여와 관람 방식을 바꾸고 있다. 데이터 기반 분석과 온라인 콘텐츠는 스포츠 산업의 새로운 기회를 창출한다.

정책·법규 환경도 무시할 수 없다. 정부의 체육 정책, 지자체의 스포츠 지원 사업, 시설 규제, 안전 기준 등은 스포츠 산업 운영에 직접적인 영향을 미친다.

2) 미시 환경 분석 (Micro Environment)

미시 환경은 조직과 직접적으로 상호작용하는 요소들이다.

고객은 가장 중요한 분석 대상이다. 참여자와 팬의 특성, 소비 패턴, 재참여율은 전략 수립의 핵심 자료가 된다.

경쟁자는 직접 경쟁자뿐 아니라 간접 경쟁자까지 포함한다. 같은 종목의 다른 시설뿐 아니라, 대체 스포츠와 여가 산업까지 고려해야 한다.

공급자는 용품 제공 업체, 시설 임대인, 전문 인력 등이다. 이들의 조건은 운영 비용과 서비스 품질에 영향을 미친다.

협력자는 스폰서, 지역사회, 학교, 기업 등이다. 스포츠 산업은 단독으로 성장하기 어렵기 때문에 협력 네트워크가 중요하다.

3. 경쟁 환경 이해

1) 직접 경쟁과 간접 경쟁

직접 경쟁은 동일 종목 또는 동일 서비스 간의 경쟁이다. 예를 들어 같은 지역의 헬스장이나 태권도장 간 경쟁이 이에 해당한다.

간접 경쟁은 대체 스포츠나 여가 활동과의 경쟁이다. 필라테스와 요가, 헬스와 홈트레이닝, 스포츠 관람과 OTT 콘텐츠 시청은 서로 대체 관계가 될 수 있다. 따라서 경쟁은 단순히 같은 업종끼리만 이루어지는 것이 아니다.

2) 스포츠 산업에서의 경쟁 특성

스포츠 산업은 가격 경쟁의 한계가 뚜렷하다. 가격을 낮추는 방식은 일시적 효과는 있지만, 장기적으로 브랜드 가치와 수익성을 떨어뜨릴 수 있다. 따라서 차별화 전략이 중요하다. 프로그램의 특성, 지도자의 전문성, 커뮤니티 분위기 등으로 차별화를 시도해야 한다.

또한 지역 기반 경쟁 구조를 가진다는 점이 특징이다. 대부분의 참여 스포츠는 생활권 내에서 선택되기 때문에, 지역 시장 이해가 중요하다.

3) 포터의 5 Forces를 활용한 분석

기존 경쟁자 간 경쟁은 시장 내 경쟁 강도를 보여준다. 신규 진입자의 위협은 해당 산업의 진입 장벽을 판단하게 한다. 대체재의 위협은 스포츠 산업의 취약성을 드러낸다. 구매자의 교섭력은 가격 민감도를 보여주고, 공급자의 교섭력은 비용 구조에 영향을 준다.

이 틀은 스포츠 산업의 경쟁 환경을 체계적으로 이해하는 데 도움을 준다.

4. 소비자 분석의 기초

스포츠마케팅에서 소비자 분석은 “누가 우리 서비스를 이용하는가”를 확인하는 수준을 넘어, 왜 참여하고(혹은 관람하고), 무엇에 만족하며, 어떤 이유로 떠나는지를 구조적으로 이해하는 과정이다. 스포츠 산업의 상품은 대부분 무형의 경험이

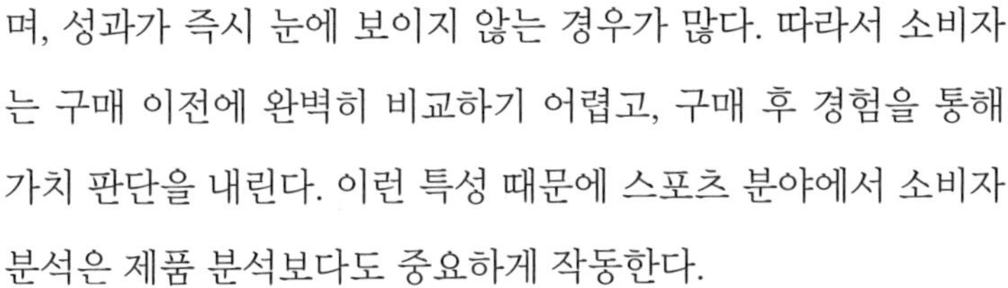

며, 성과가 즉시 눈에 보이지 않는 경우가 많다. 따라서 소비자는 구매 이전에 완벽히 비교하기 어렵고, 구매 후 경험을 통해 가치 판단을 내린다. 이런 특성 때문에 스포츠 분야에서 소비자 분석은 제품 분석보다도 중요하게 작동한다.

스포츠 소비자의 첫 번째 특징은 감정 중심 소비다. 참여 스포츠의 소비자는 '운동 효과'만이 아니라 운동을 하며 느끼는 성취감, 스트레스 해소, 심리적 안정감을 함께 소비한다. 관람 스포츠의 팬은 더 명확하게 감정으로 움직인다. 팀에 대한 애정, 지역 소속감, 승리에 대한 기대, 라이벌 구도에서 오는 몰입감이 소비를 만든다. 이 감정은 충성도라는 강점으로 이어지지만, 반대로 실망과 이탈로도 빠르게 전환될 수 있어 변동성 관리가 중요하다.

두 번째 특징은 소속감과 커뮤니티 욕구다. 스포츠는 혼자 하는 활동처럼 보이지만, 지속성과 만족은 대체로 관계 속에서 강화된다. 헬스장에서 함께 운동하는 동료, 러닝 크루의 분위기, 도장에서의 또래 관계, 팬 커뮤니티의 응원 문화는 소비자에게 강력한 '머무를 이유'를 제공한다. 같은 프로그램이라도 커뮤니티 경험이 좋으면 재등록률은 올라가고, 나쁘면 이탈은 빨라진다. 즉, 스포츠 소비자 분석에는 개인의 욕구뿐 아니라 집단 경험과 관계의 질이 함께 포함되어야 한다.

세 번째 특징은 경험 추구형 소비다. 스포츠 서비스는 '운동'

이라는 행동을 중심으로 형성되기 때문에 과정 그 자체가 상품이 된다. 그래서 소비자는 실제로는 운동 효과보다 '오늘 수업이 즐거웠는가', '나를 잘 봐줬는가', '안전했는가', '공간이 쾌적했는가' 같은 경험 요소에 민감하게 반응한다. 특히 초보자는 효과보다 안전과 심리적 안정이 핵심이고, 중급자는 성장 체감과 도전 요소, 상급자는 전문성·난이도·기록 향상과 같은 성과 요소를 더 중요하게 본다.

소비자 행동 분석에서는 참여 동기를 파악하는 것이 기본이다. 스포츠 참여 동기는 보통 건강 개선, 체형 관리, 재미와 놀이, 관계 형성, 스트레스 해소, 성취감, 자기 효능감 등으로 나뉜다. 같은 업종이라도 고객이 어떤 동기를 가졌는지에 따라 커뮤니케이션 방식과 프로그램 설계가 달라진다. 예컨대 "체중 감량" 동기는 수치화된 결과와 루틴 관리에 반응하지만, "재미" 동기는 다양성과 분위기, "관계" 동기는 커뮤니티와 이벤트에 반응한다.

소비 결정 과정 역시 스포츠 산업에서는 독특하게 작동한다. 일반 상품은 구매 전 비교가 비교적 명확하지만, 스포츠 서비스는 체험 이전에 품질을 알기 어렵다. 그래서 소비자는 보통 SNS 후기, 지인의 추천, 지도자의 이미지, 시설 분위기 같은 간접 정보를 통해 판단한다. 이때 가장 많이 발생하는 이탈은 '불안' 때문이다. "나 같은 초보자가 가도 될까", "민폐가 되지 않을

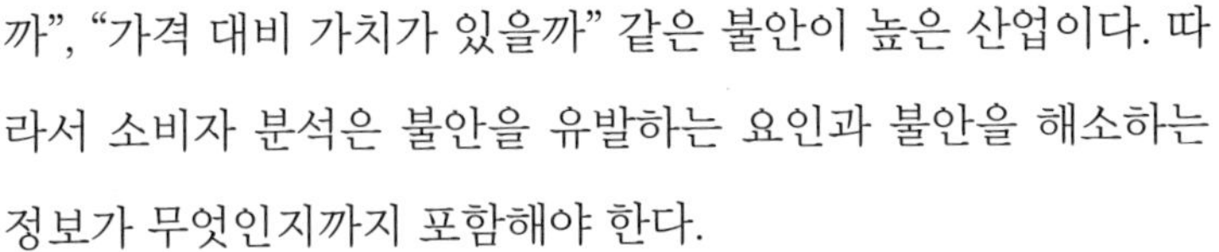

까", "가격 대비 가치가 있을까" 같은 불안이 높은 산업이다. 따라서 소비자 분석은 불안을 유발하는 요인과 불안을 해소하는 정보가 무엇인지까지 포함해야 한다.

재참여 요인과 이탈 요인은 스포츠 산업에서 매우 중요하다. 스포츠 서비스는 지속 소비 구조이므로, "한 번 등록"보다 "계속 다니는 것"이 사업의 성패를 좌우한다. 재참여 요인은 보통 지도자의 신뢰, 체감되는 변화, 프로그램의 적합성, 관계 만족, 시간·동선의 편의, 가격의 납득 가능성으로 정리된다. 반면 이탈 요인은 시간 부족, 비용 부담, 지루함, 성취감 부족, 관계 불편, 부상/통증, 운영의 불친절, 시설 불만 등이 흔하다. 같은 이탈 요인이라도 초보자는 '심리적 불편'에 민감하고, 상급자는 '성장 정체'에 민감하다는 점도 고려해야 한다.

마지막으로 생활체육 소비자와 관람 스포츠 팬은 분석 관점이 다르다. 생활체육 소비자는 참여의 편의성과 지속 가능성에 영향을 받는다. 동선, 시간표, 지도 방식, 분위기 등이 핵심이며, 가격은 '계속 낼 수 있는가'가 중요하다. 반면 관람 스포츠 팬은 충성도와 감정 몰입이 핵심이다. 경기력뿐 아니라 스토리텔링, 팬 경험, 커뮤니티 참여가 중요하며, 이탈은 실망보다는 '연결의 약화'에서 시작되는 경우가 많다. 따라서 소비자 분석은 종목과 산업 유형에 따라 다른 렌즈가 필요하다.

5. 시장 분석의 방법

시장 분석은 소비자 분석이 '사람'을 이해하는 과정이라면, 시장 분석은 그 사람이 움직이는 규모·흐름·구조를 파악하는 과정이다. 시장 분석의 목적은 단순히 시장이 큰지 작은지 판단하는 것이 아니라, 진입할 만한 기회가 있는지, 어떤 세그먼트가 성장하고 있는지, 경쟁이 어떤 구조로 형성되어 있는지를 확인하는 데 있다. 특히 스포츠 분야는 트렌드 변화가 빠르고 지역성과 계절성이 강하기 때문에, 시장 분석 없이는 창업과 마케팅 전략이 현실성을 잃기 쉽다.

시장 규모 파악은 시장 분석의 출발점이다. 소규모 스포츠 사업자에게 시장 규모는 전국 단위가 아니라 대개 생활권 단위다. 따라서 지역 인구 구조, 연령 분포, 직장인 비율, 가족 구성, 주거 형태 등을 확인해야 한다. 예를 들어 유소년 중심 사업이라면 학령인구 규모와 학교 밀집도를 보아야 하고, 직장인 대상이라면 오피스 상권과 출퇴근 동선을 봐야 한다. 이때 통계 활용이 중요하다. 지역 인구 통계, 생활체육 참여율, 종목별 참여 비율 같은 자료는 '감'이 아닌 근거 기반 판단을 가능하게 한다. 또한 산업 보고서는 전체 흐름을 읽는 데 도움이 되지만, 실제 창업에서는 지역 단위로 재해석해야 한다.

시장 성장성 분석은 “이 시장이 앞으로 커질 가능성이 있는가”를 판단한다. 스포츠 시장의 성장성은 사회문화 트렌드와 밀접하다. 예를 들어 건강 트렌드, 웰니스 확산, 1인 가구 증가, 고령화는 특정 분야(시니어 운동, 소규모 맞춤형 코칭, 홈트·온라인 코칭 등)의 성장 동력이 될 수 있다. 반대로 출산율 감소는 유소년 시장 축소 요인이 된다. 기술 변화도 성장성을 좌우한다. OTT와 숏폼 콘텐츠가 확산되면 관람 경험이 바뀌고, 앱 기반 운동 서비스가 증가하면 오프라인 참여 방식도 재구성된다.

스포츠 시장은 계절성과 경기 영향을 강하게 받는다. 여름철 수영, 겨울철 스키처럼 계절 종목은 성수기·비수기의 수익 구조가 확연하다. 또한 대형 이벤트나 국가대표 경기 성적 같은 외부 요인이 종목 수요를 단기간 급상승시키기도 한다. 이런 특성 때문에 시장 성장성 분석에서는 “평균 수요”뿐 아니라 “변동성”까지 고려해야 한다.

시장 분석에서 가장 중요한 부분 중 하나는 시장 세분 가능성 판단이다. 세분 가능성은 곧 STP 전략의 기반이 된다. 같은 시장이라도 ‘초보자’, ‘여성’, ‘직장인’, ‘시니어’, ‘재활 목적’, ‘기록 향상 목적’처럼 세분이 가능하면, 그만큼 마케팅 메시지와 제품 설계가 구체화된다. 세분 기준은 크게 인구통계(나이, 성별, 소득, 가족 구성), 라이프스타일(여가 패턴, 건강 관심도, 디지털 친화도), 참여 수준(입문/중급/상급), 참여 목적(체형 관리/건강/관계/경쟁)으로 나누어 적용할 수 있다.

시장 분석은 경쟁 구조 분석과 함께 이루어져야 한다. 시장이 커 보이더라도 경쟁 강도가 지나치게 높으면 진입이 어려울 수 있다. 반대로 시장이 작아 보이더라도 명확한 세그먼트가 존재하고 차별화가 가능하면 기회가 된다. 예컨대 같은 지역에 헬스장이 많더라도 "초보자 여성 전용 PT" 같은 세그먼트가 비어 있다면 시장 기회는 존재한다. 시장 분석은 '큰 시장 찾기'가 아니라 '비어 있는 수요 찾기'에 가깝다.

마지막으로 시장 분석의 결과는 실행 가능한 결론으로 정리되어야 한다. 좋은 분석은 정보가 많은 분석이 아니라, 결정을 돕는 분석이다. 시장 규모를 파악한 뒤에는 어떤 고객을 우선 공략할지 선택해야 하고, 성장성 분석 뒤에는 어떤 서비스 형태(오프라인/온라인/혼합)로 갈지 결정해야 하며, 세분 가능성 판단 뒤에는 STP 전략으로 연결해야 한다. 즉, 시장 분석의 목적은 보고서 작성이 아니라 전략 수립이다.

정리

환경 분석과 시장 분석은 스포츠마케팅 전략의 출발점이다. 내부와 외부 환경을 통해 현재 위치와 가능성을 파악하고, 경쟁 환경을 통해 차

별화 방향을 설정하며, 소비자 분석을 통해 실제 시장의 요구를 이해해야 한다. 이러한 분석이 충분히 이루어질 때, 스포츠마케팅 전략은 이론에만 머무르지 않고 현실에서 능동적으로 작동하는 계획이 된다.

【현장 스토리】

스포츠센터의 소비자 분석

서울 외곽의 한 주거 밀집 지역에 위치한 중소 규모 스포츠센터는 최근 몇 년간 회원 수 정체를 겪고 있었다. 헬스, GX, 소규모 그룹 트레이닝을 모두 운영하고 있었지만, 센터장은 "광고를 해도 사람들이 오래 남지 않는다"는 막연한 고민만 반복하고 있었다. 이 센터의 스포츠마케터는 문제의 원인을 시설이나 가격이 아니라, 소비자를 하나의 집단으로 뭉뚱그려 이해하고 있다는 점에서 찾기 시작했다.

그는 먼저 이 센터가 속한 산업이 참여 스포츠 산업이라는 점에 주목했다. 참여 스포츠 산업의 소비자는 관람 스포츠와 달리 일회성이 아니라 반복적으로 참여해야 만족을 느낀다. 즉, 단순히 '가입하게 만드는 것'보다 '계속 오게 만드는 것'이 훨씬 중요했다. 이 인식 변화가 소비자 분석의 출발점이었다.

그는 센터에 등록된 회원 명단을 연령과 성별로 나누는 것에서부터 분석을 시작했다. 겉으로 보면 20대부터 50대까지 고르게 분포되어 있었지만, 실제 이용 시간대와 출석 빈도를 함께 살펴보자 전혀 다른 모습이 드러났다. 20대 회원은 등록은 많았지만 출석률이 낮았고, 30~40대 직장인은 주 2~3회 규칙적으로 방문하는 비율이 높았다. 인구통계적 분석은 소비자 분석의 출발점일 뿐, 결론이 아니라는 사실이 분명해졌다.

다음으로 그는 라이프스타일과 운동 수준에 주목했다. 간단한 설문과 현장 관찰을 통해 회원들의 운동 경험을 파악했다. 상당수 회원은 "운동을 오래 쉬었다가 다시 시작한 사람"이었고, 고강도 트레이닝보다 "무리 없이 꾸준히 하고 싶은 사람"이 많았다. 하지만 센터의 프로그램 구성과 홍보 메시지는 여전히 '운동 효과', '체지방 감량', '강도 높은 훈련'을 강조하고 있었다. 소비자의 실제 상태와 제공되는 메시지 사이에 간극이 존재했다.

가장 결정적인 단서는 스포츠 참여 목적 분석에서 나왔다. 신규 회원 상담 기록과 중도 탈퇴자의 이유를 정리해 보니, 대부분의 회원은 체력 향상이나 외형 변화보다 "일상에서 벗어나 몸을 움직이고 싶다", "혼자서라도 규칙적으로 나오고 싶다", "부담 없이 시작하고 싶다"는 목적을 가지고 있었다. 다시 말해 이 센터의 핵심 소비자는 '운동 성과'를 추구하는 사람이 아니라, '운동을 지속할 수 있는 환경'을 찾는 사람이었다.

이 분석을 통해 스포츠마케터는 중요한 사실을 깨달았다. 이 센터의 소비자는 하나가 아니라, 목적과 생활 패턴에 따라 다른 집단으로 나뉘어 있었다는 점이다. 단기 체중 감량을 원하는 소수와, 장기적으로 생활체육에 참여하고 싶은 다수가 같은 방식으로 접근되고 있었던 것이다. 소비자 분석이 제대로 이루어지지 않으면, 마케팅 전략은 필연적으로 어긋날 수밖에 없다는 점이 드러났다.

이후 센터는 소비자 분석 결과를 바탕으로 마케팅 방향을 수정했다. 초보자와 재시작 회원을 위한 적응형 프로그램을 신설했고, 홍보 문구에서도 '강도'와 '결과' 대신 '지속', '편안함', '일상 속 운동'을 강조했다. 그 결과 신규 회원 수가 급증하지는 않았지만, 재등록률과 추천 가입 비율이 눈에 띄게 높아졌다.

이 사례는 제2장에서 다룬 스포츠 소비자의 특징이 단순한 이론이 아니라, 실제 현장에서 매우 구체적인 분석 기준으로 작동함을 보여준다. 스포츠 소비자 분석은 통계 자료를 나열하는 작업이 아니라, 사람들이 왜 스포츠에 참여하고, 왜 떠나는지를 이해하는 과정이다. 참여 스포츠 산업에서 소비자 분석은 곧 마케팅 전략의 방향을 결정하는 핵심 작업이며, 스포츠마케팅의 모든 실천은 여기서 출발한다.

제4장
SWOT 분석 - 스포츠마케팅의 출발점

스포츠마케팅 전략은 방향 없이 만들어질 수 없다. 무엇을 잘 하고 있는지, 무엇이 부족한지, 어떤 기회가 있는지, 어떤 위험이 존재하는지를 명확히 파악하지 못한 상태에서 세운 전략은 현장에서 쉽게 흔들린다. 이러한 문제를 체계적으로 정리하기 위해 가장 널리 사용되는 도구가 바로 SWOT 분석이다.

SWOT 분석은 복잡한 환경과 시장 정보를 단순화하여, 스포츠 조직이나 사업의 현재 위치를 한눈에 파악할 수 있도록 돕는다. 특히 스포츠 산업처럼 사람과 상황의 영향을 크게 받는 분야에서는,

전략 수립 이전에 반드시 거쳐야 할 기본 과정으로 여겨진다.

1. SWOT 분석의 개념

SWOT 분석은 조직이나 사업을 둘러싼 요인을 네 가지 요소로 구분하여 분석하는 방법이다.

Strengths(강점)와 Weaknesses(약점)는 내부 요인에 해당하며, Opportunities(기회)와 Threats(위협)는 외부 요인에 해당한다.

이 분석의 목적은 단순히 장단점을 나열하는 데 있지 않다. SWOT 분석은 내부 환경과 외부 환경을 연결하여, 현실적인 전략 선택의 기준을 마련하는 데 의미가 있다. 스포츠마케팅에서 SWOT 분석은 "무엇을 할 수 있는가"와 "지금 무엇을 해야 하는가"를 연결해 주는 출발점이다.

1) Strengths(강점) 분석

강점은 스포츠 조직이나 사업이 경쟁자보다 상대적으로 잘하고 있는 요소, 혹은 유지하고 확장할 수 있는 내부 자원을 의미한다. 이는 시설 규모나 자본력일 수도 있지만, 스포츠 산업에서는 눈에 보이지 않는 요소가 강점이 되는 경우도 많다.

예를 들어 지도자의 전문성, 회원과의 신뢰 관계, 안정적인 커뮤니티 분위기, 지역 내 인지도, 특정 연령층에 특화된 프로그램 등이 강점이 될 수 있다. 중요한 점은 강점이 '절대적 우수성'일 필요는 없다는 것이다. 경쟁 환경 속에서 의미 있는 차별점이라면 그것은 충분히 강점이 된다.

스포츠마케팅에서 강점 분석은 "우리는 왜 선택받아야 하는가"에 대한 답을 찾는 과정이다.

내부요인	
Strength 강점	Weakness 약점
Opporttunity 기회	Ttreat 위협
외부요인	

2) Weaknesses(약점) 분석

약점은 내부 환경 중에서 경쟁력 확보에 불리하게 작용하는 요소를 의미한다. 낡은 시설, 부족한 인력, 제한된 예산, 프로그램 다양성 부족, 마케팅 전문 인력의 부재 등이 대표적인 약점이다.

스포츠 현장에서는 약점을 인식하면서도 이를 드러내기를 꺼리는 경우가 많다. 그러나 약점을 정확히 파악하지 못하면 현실성 없는 전략을 세우기 쉽다. 또한 약점이 언젠가는 환경의 변화와 그 보완의 정도에 따라 오히려 강점으로 변할 수도 있다는 것을 기억해야 한다. 당장 중요한 것은 약점을 모두 제거하려는 것이 아니라, 어떤 약점을 감수하고 어떤 약점을 보완할 것인지 선택하는 것이다.

스포츠마케팅 전략은 강점을 키우는 동시에, 약점이 전략의 발목을 잡지 않도록 관리하는 과정이라고 볼 수 있다.

3) Opportunities(기회) 분석

기회는 외부 환경 변화 속에서 조직이나 사업에 긍정적으로 작용할 수 있는 요소를 의미한다. 이는 개인이나 조직이 직접 만들어낼 수 있는 것이 아니라, 환경 변화 속에서 발견하는 것이다.

생활체육 참여 인구 증가, 건강과 웰빙에 대한 관심 확대, 정부 및 지자체의 체육 정책, 디지털 기술 발전, 특정 연령층이나 지역 수요의 증가 등은 스포츠 산업에서 중요한 기회 요인이 된다.

기회 분석에서 중요한 점은, 모든 기회가 곧바로 성과로 이어지지는 않는다는 것이다. 기회는 내부 강점과 결합될 때 비로소 전략적 가치가 생긴다. 따라서 기회는 단독으로 보기보다, 강점과 연결 가능한 요소인지를 함께 검토해야 한다. 그렇기 때문에 스포츠 운영자나 마케터는 여러 매체에 관심을 갖고서 꾸준히 그리고 계속해서 외부환경 여건을 모니터링 할 필요가 있다. 이는 어떠한 외부환경의 긍정적 요인을 놓치지 않기 위해서이다.

내적요소 / 외적요소	Strength 강점	Weakness 약점
Opporttunity 기회	**SO전략** 기회요소를 이익으로 활용하기 위해 강점을 이용하는 전략	**WO전략** 약점의 극복 및 보완을 통해 기회를 활용하는 전략
Ttreat 위협	**ST전략** 위협을 회피하기 위해 강점을 이용하는 전략	**WT전략** 위협을 회피하고 약점을 최소화하기 위해 전략

4) Threats(위협) 분석

위협은 외부 환경 중에서 사업이나 조직의 성과에 부정적인 영향을 줄 수 있는 요소를 의미한다. 경쟁자의 증가, 대형 프랜차이즈의 진출, 소비 트렌드 변화, 경제 불황, 정책 변화, 기술 격차 등은 대표적인 위협 요인이다.

스포츠 산업에서는 특히 소비자의 여가 선택지가 다양해지면서, 스포츠 자체가 위협을 받는 경우도 늘어나고 있다. 홈트레이닝, 디지털 콘텐츠, 다른 취미 활동은 참여 스포츠 산업의 강력한 위협 요소가 된다.

위협 분석의 목적은 불안을 키우는 것이 아니라, 미리 대비할 수 있는 전략적 판단 기준을 마련하는 것이다.

2. 스포츠 사례로 보는 SWOT 분석

1) 지역 체육시설

지역 체육시설은 접근성과 지역 주민과의 관계가 강점이 될 수 있다. 반면 시설 노후화나 예산 부족은 약점으로 작용한다. 생활체육 정책 확대는 기회가 되지만, 대형 체육시설이나 민간 센

터의 진출은 위협 요인이 된다. 이러한 환경 속에서 지역 체육시설의 SWOT 분석은 공공성과 지역 밀착성을 중심으로 전략을 설정하게 만든다.

2) 스포츠센터·피트니스

스포츠센터나 피트니스 시설의 강점은 전문 트레이너, 프로그램 구성, 운영 노하우일 수 있다. 반면 가격 경쟁력 부족이나 브랜드 인지도 부족은 약점이 된다. 건강 관리 수요 증가는 기회이지만, 프랜차이즈 경쟁과 온라인 운동 콘텐츠는 위협 요인으로 작용한다. 이 경우 SWOT 분석은 차별화된 타깃 설정의 기초가 된다.

3) 스포츠 동호회·이벤트

스포츠 동호회나 이벤트는 참여자의 자발성과 커뮤니티 결속력이 강점이다. 그러나 운영의 불안정성이나 인력 의존도는 약점이 될 수 있다. 지역 커뮤니티 활성화는 기회가 되며, 참여자 감소나 유사 모임의 증가가 위협이 된다. SWOT 분석을 통해 지속가능한 운영 방향을 모색할 수 있다.

3. SWOT 분석 실습 과제

이 장의 실습에서는 가상의 스포츠 조직이나 실제 주변의 스포츠 시설, 동호회, 스포츠 사업을 하나 선정하여 SWOT 분석을 수행한다.

분석 대상의 내부 강점과 약점을 정리하고, 외부 환경에서의 기회와 위협을 구분하여 표로 정리한 뒤, 다음 질문에 답해 본다.

- 강점을 활용하여 기회를 살릴 수 있는 전략은 무엇인가?
- 약점을 보완하거나 회피할 수 있는 방법은 무엇인가?
- 위협에 대비하기 위해 어떤 선택이 필요한가?

이 실습의 목적은 정답을 찾는 것이 아니라, 전략적 사고의 흐름을 익히는 데 있다.

정리

SWOT 분석은 스포츠마케팅 전략의 출발점이다. 내부 환경을 객관적으로 바라보고, 외부 환경의 흐름을 읽는 과정 없이는 현실적인 전략을 세울 수 없다. 스포츠마케팅에서 SWOT 분석은 분석 그 자체보다, 이후 전략을 합리적으로 선택하기 위한 기준을 제공한다는 점에서 중요한 의미를 가진다. 또한 SWOT분석은 스포츠마케팅전략의 출발점 이면서도 동시에 계속 시행해야 하는 현재진행형이어야 한다. 스포츠 마케터와 스포츠시설 오너는 정기적으로 기업의 내,외부적인 환경을 분석하여 자사의 현 주소를 확인하여야 한다.

【현장 스토리】

도시 외곽에 위치한 빙상장을 대상으로 한 SWOT 분석

전남의 유일한 빙상장을 대상으로 SWOT 분석을 수행하면, 제3장에서 다룬 환경 분석과 시장 분석의 논리가 어떻게 실제 전략 판단으로 이어지는지를 분명하게 확인할 수 있다. 이 빙상장은 국제 규격 링크 1면과 대형주차시설을 갖춘 중형 규모의 시설로, 주 이용자는 청소년 선수반, 피겨·쇼트트랙 취미반, 그리고 주말 일반 이용객이다. 위치는 도심에서 차량으로 30분 이상 떨어져 있어 접근성에 한계가 있다.

먼저 강점(Strengths)은 내부 환경 분석을 통해 드러난다. 이 빙상장의 가장 큰 강점은 시설의 전문성이다. 국제 규격 링크를 안정적으로 유지할 수 있는 냉각 설비와 빙질 관리 노하우를 갖추고 있어, 도심의 소형 아이스링크보다 훈련 환경이 우수하다. 특히 선수반과 전문 취미반에게는 빙질의 안정성과 링크 크기가 중요한 선택 기준이 되며, 이는 다른 여가 시설과 명확히 구분되는 경쟁력이다. 또한 도심보다 상대적으로 넓은 부지와 낮은 임대료 덕분에 단체 수업, 전지훈련, 대관 운영이 비교적 자유롭다는 점도 내부 강점으로 작용한다.

반면 약점(Weaknesses) 역시 내부 환경에서 분명하게 나타난다. 가장 큰 약점은 접근성이다. 대중교통 이용이 불편하고, 차량 이동이 필수적이기 때문에 가벼운 여가 목적의 일반 소비자가 방문하기에는 부담이 크다. 또한 도심 상권과 분리되어 있어, 쇼핑·외식과 연계된 소비 경험을 제공하기 어렵다. 이로 인해 평일 일반 이용률이 낮고, 특정 시간대에 이용이 집중되는 문제가 발생한다. 운영 측면에서는 계절성과 유지비 부담 역시 구조적 약점으로 작용한다.

다음으로 기회(Opportunities)는 외부 환경 분석을 통해 확인할 수 있다. 최근 생활체육 확대 정책과 청소년 스포츠 육성 기조는 빙상장 운영에 긍정적인 환경을 제공한다. 특히 피겨, 쇼트트랙과 같은 빙상 종목에 대한 인식이 높아지면서, 전문반, 취미반과 유소년아이스하키팀 그리고 스케이팅체험학습 수요가 꾸준히 증가하고 있다. 또한 도시 외곽이라는 위치는 단점이기도 하지만, 합숙 훈련이나 집중 프로그램, 캠프형 스포츠 교육을 운영하기에는 오히려 유리한 환경이 될 수 있다. 이는 단순 일반 이용 중심에서 벗어나, 목적형 스포츠 소비를 끌어들일 수 있는 기회 요인이다.

마지막으로 위협(Threats)은 외부 경쟁 환경에서 나타난다. 도심에 위치한 복합 문화시설형 아이스링크는 접근성과 편의성에서 강한 경쟁력을 가진다. 쇼핑몰과 결합된 아이스링크는 가족 단위 여가 소비자를 빠르게 흡수하며, 빙상장을 '스포츠 시설'이 아닌 '체험형 놀이 공간'으로 인식하게 만든다. 또한 계절 스포츠 특성상 여름철 수요 감소와 에너지 비용 상승은 장기적인 운영 리스크로 작용한다. 여기에 홈트레이닝이나 대체 여가 활동의 증가 역시 간접적인 위협 요소다.

이러한 SWOT 분석을 종합하면, 도시 외곽 빙상장의 핵심 과제는 약점을 보완하려는 무리한 시도보다, 강점을 전제로 한 전략적 선택에 있다. 접근성의 한계를 극복하기 위해 모든 일반 소비자를 대상으로 하기보다는, 빙질과 공간의 강점을 활용한 전문 선수/취미·캠프형 프로그램에 집중하는 것이 현실적이다. 동시에 외부 기회를 활용해 생활체육과 교육 중심의 빙상장으로 포지셔닝한다면, 외곽이라는 위치는 단점이 아니라 차별화 요소로 전환될 수 있다.

이 사례는 제3장에서 강조한 것처럼, 환경 분석과 시장 분석이 단순한 정보 정리가 아니라 전략의 방향을 제안하고 선택하게 만드는 기준임을 잘 보여준다. 도시 외곽 빙상장의 SWOT 분석은 "무엇을 잘할 수 있는가"와 "무엇을 하지 말아야 하는가"를 동시에 드러내며, 스포츠마케팅 전략의 출발점 역할을 한다.

제5장
STP 전략 - 누구에게, 어떻게 다가갈 것인가

스포츠마케팅 전략에서 가장 중요한 질문은 “얼마나 많은 사람에게 알릴 것인가”가 아니라 “누구에게 집중할 것인가”이다. 스포츠 산업은 자원과 시간이 제한된 경우가 많고, 특히 소규모 스포츠 사업이나 지역 기반 스포츠 조직일수록 모든 사람을 대상으로 한 전략은 현실적으로 효과를 내기 어렵다. 이러한 상황에서 STP 전략은 마케팅의 방향을 명확히 설정해 주는 핵심 도구가 된다.

STP 전략은 시장을 나누고(Segmentation), 그중에서 집중할 대상을 선택하며(Targeting), 선택된 대상의 머릿속에 어떤 이미지로 자리 잡을 것인지를 결정하는(Positioning) 과정이다. 이는 제4장에서 다룬 SWOT 분석을 바탕으로, 실제 행동 전략으로 나아가는 첫 단계라 할 수 있다.

1. STP 전략의 개념과 흐름

STP 전략은 세 단계가 순차적으로 연결된 구조를 가진다. 먼저 전체 시장을 하나의 덩어리로 보지 않고, 특성에 따라 여러 집단으로 나누는 것이 시장세분화(Segmentation)이다. 다음으로, 이 중에서 가장 적합하고 현실적인 집단을 선택하는 과정이 표적시장선정(Targeting)이다. 마지막으로, 선택된 대상에게 어떤 스포츠 브랜드나 프로그램으로 인식될 것인지를 정하는 것이 위치화(Positioning)이다. 이 과정에서 중요한 점은 STP가 단순한 분류 작업이 아니라 선택과 집중의 전략이라는 것이다. 모든 세분시장을 만족시키려는 시도는 오히려 메시지를 흐리게 만들고, 스포츠마케팅의 효과를 떨어뜨린다.

1) Segmentation(시장 세분화)

시장 세분화란 전체 스포츠 시장을 일정한 기준에 따라 나누는 과정이다. 스포츠 소비자는 매우 다양하며, 같은 연령대나 같은 지역에 있더라도 운동에 대한 태도와 목적은 크게 다를 수 있다. 따라서 효과적인 스포츠마케팅을 위해서는 소비자를 몇 가지 의미 있는 집단으로 나누어 이해할 필요가 있다.

(1) 인구통계적 기준

가장 기본적인 세분화 기준은 연령, 성별, 직업, 소득 수준과 같은 인구통계적 요소이다. 예를 들어 20대 대학생, 30~40대 직장인, 중·장년층은 운동 참여 방식과 기대 수준이 다르다. 이 기준은 이해하기 쉽고 자료 확보가 용이하다는 장점이 있지만, 이

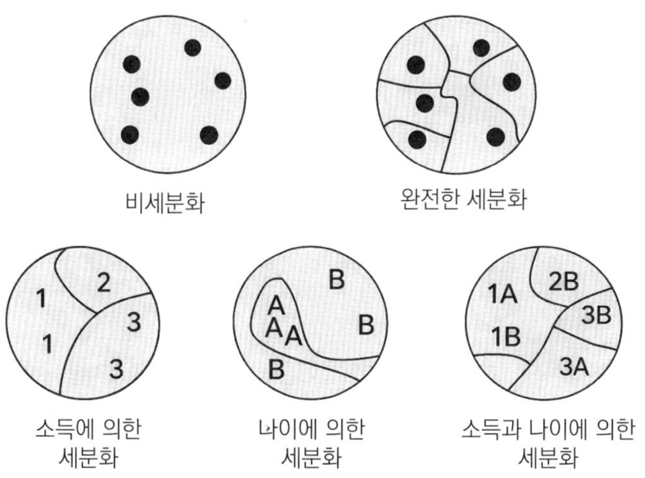

시장 세분화의 유형

※ 이훈영(2002). e 마케팅 플러스. 무역경영사.

것만으로는 스포츠 소비자의 실제 행동을 충분히 설명하기 어렵다는 한계도 있다.

(2) 라이프스타일·운동 수준

보다 실질적인 세분화는 라이프스타일과 운동 수준을 기준으로 이루어진다. 평소 활동적인 생활을 하는지, 운동 경험이 많은지, 혼자 운동을 선호하는지 또는 함께하는 활동을 좋아하는지에 따라 소비자의 반응은 크게 달라진다. 초보자와 숙련자의 니즈(needs)는 전혀 다르며, 같은 프로그램이라도 전달 방식과 난이도는 달라져야 한다.

(3) 스포츠 참여 목적

스포츠 소비자를 이해하는 데 있어 가장 중요한 기준은 스포츠 참여 목적이다. 건강 관리, 체중 감량, 스트레스 해소, 사회적 교류, 기록 향상 등 참여 목적에 따라 소비자의 기대와 만족 요인은 달라진다. 스포츠마케팅에서는 이 참여 목적을 정확히 파악할수록, 보다 설득력 있는 메시지를 만들 수 있다.

(4) 제품 사용 정도에 따른 기준

제품 사용 정도에 따른 시장세분화는 소비자가 해당 스포츠 서비스나 제품을 얼마나 자주, 얼마나 지속적으로 이용하는지를

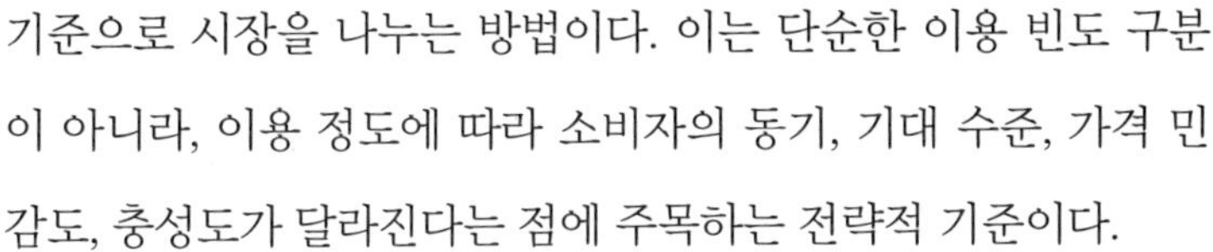

기준으로 시장을 나누는 방법이다. 이는 단순한 이용 빈도 구분이 아니라, 이용 정도에 따라 소비자의 동기, 기대 수준, 가격 민감도, 충성도가 달라진다는 점에 주목하는 전략적 기준이다.

일반적으로 소비자는 소량구매자, 중간구매자, 다량구매자로 구분할 수 있다. 소량구매자는 가끔 이용하는 집단으로, 동기 강화와 재미 요소를 통해 이용 빈도를 높여야 한다. 중간구매자는 비교적 안정적인 고객으로, 만족도 관리와 성취 경험 제공이 중요하다. 다량구매자는 시즌권, 정기권 등을 구매하는 등 핵심 고객으로, 전문성과 차별화된 혜택을 통해 충성도를 유지해야 한다.

스포츠 산업은 지속 이용이 수익 구조의 핵심이기 때문에, 단순히 신규 고객을 많이 모으는 것보다 자주 이용하는 고객을 어떻게 관리하느냐가 더 중요하다. 따라서 제품 사용 정도에 따른 세분화는 스포츠마케팅 전략 수립에서 매우 실질적인 기준이 된다.

2) Targeting(표적시장 선정)

표적시장 선정은 세분화된 시장 중에서 집중할 대상을 선택하는 과정이다. 모든 세분 시장이 동일한 가치를 가지는 것은 아니며, 조직의 자원과 강점에 따라 적합한 시장은 달라진다.

표적시장을 선정할 때는 시장의 크기, 성장 가능성, 경쟁 강도, 조직의 역량 등을 종합적으로 고려해야 한다. 예를 들어 대형 프랜차이즈와 직접 경쟁하기 어려운 소규모 스포츠 사업이라면, 특정 연령층이나 특정 목적을 가진 집단에 집중하는 전략이 보다 현실적이다.

Targeting은 "누구를 포기할 것인가"를 결정하는 과정이기도 하다. 이는 마케팅의 범위를 좁히는 것이 아니라, 오히려 메시지의 명확성과 효과를 높이기 위한 선택이다.

한편 표적시장에 접근하는 방법에는 비차별적 마케팅, 차별적 마케팅, 집중적 마케팅이 있다. 비차별적 마케팅은 모든 소비자를 대상으로 하나의 전략을 사용하는 방식이고, 차별적 마케팅은 여러 세분 시장에 각각 다른 전략을 적용하는 방식이며, 집중적 마케팅은 하나의 특정 세분 시장에 집중하는 방식이다.

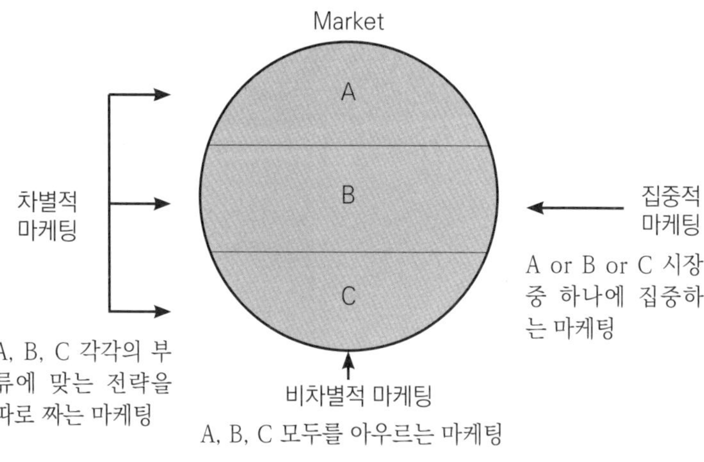

표적시장 접근 전략

3) Positioning(포지셔닝)

포지셔닝은 선택된 표적시장 안에서 어떤 이미지로 인식될 것인가를 결정하는 과정이다. 이는 실제 제품이나 서비스의 위치가 아니라, 소비자의 머릿속에 형성되는 인식상의 위치를 의미한다.

스포츠마케팅에서 포지셔닝은 가격, 전문성, 분위기, 접근성, 커뮤니티 이미지 등 다양한 요소를 통해 형성된다. 중요한 것은 경쟁자와 구별되는 명확한 기준을 제시하는 것이다. “좋은 시설”, “전문적인 지도”와 같은 모호한 표현보다는, 특정 소비자에게 분

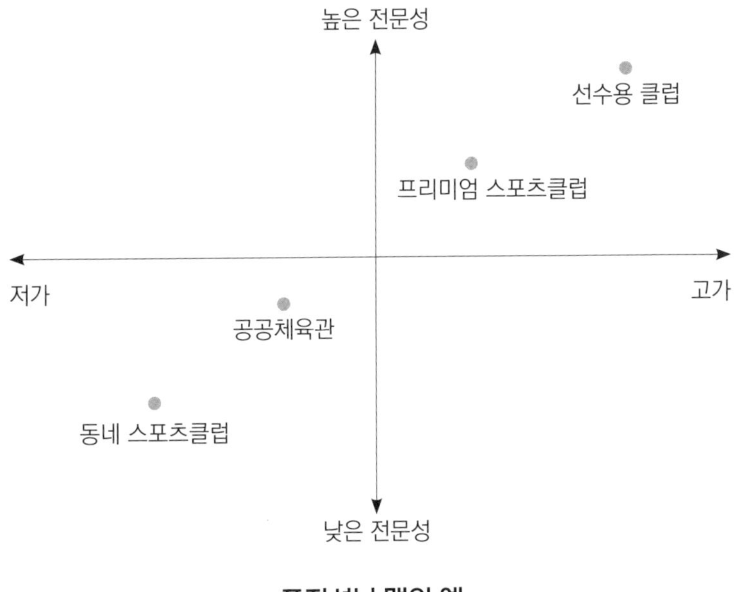

포지셔닝 맵의 예

명하게 와 닿는 메시지가 필요하다. 성공적인 포지셔닝은 소비자가 선택의 순간에 망설이지 않도록 돕는다.

한편 재포지셔닝(repositioning)은 기존 제품이나 브랜드가 시장에서 인식되고 있는 위치(Position)를 새롭게 조정하는 전략을 의미한다. 즉, 소비자의 머릿속에 형성된 기존 이미지를 변화시키거나 수정하여 새로운 가치와 차별성을 부여하는 과정이다.

포지셔닝이 "처음 자리 잡는 전략"이라면, 재포지셔닝은 "이미 자리 잡은 이미지를 다시 설계하는 전략"이라고 볼 수 있다.

재포지셔닝은 다음과 같은 상황에서 필요하다.

첫째, 시장 환경이 변화했을 때다. 소비 트렌드가 달라지거나 경쟁이 심화되면 기존 위치가 더 이상 효과적이지 않을 수 있다.

둘째, 브랜드 이미지가 노후화되었을 때다. 특히 스포츠 산업에서는 세대 변화에 따라 종목이나 시설 이미지가 '올드하다'는 평가를 받을 수 있다.

셋째, 새로운 표적시장을 공략하려 할 때다. 기존 고객층과 다른 집단을 타깃으로 삼으려면 인식 전환이 필요하다.

넷째, 경쟁사와의 차별성이 약해졌을 때다. 시장이 성숙기에 접어들면 브랜드 간 차이가 모호해지기 때문에 위치 재정립이 필요하다.

재포지셔닝은 위험도 동반한다.

- 기존 충성 고객이 이탈할 수 있다.

- 새로운 고객층 확보가 실패할 수 있다.
- 비용이 발생한다.

따라서 재포지셔닝은 시장 분석과 소비자 조사 후 신중하게 실행해야 한다. 특히 스포츠 산업은 커뮤니티 기반이 강하기 때문에, 급격한 이미지 변화는 기존 고객에게 혼란을 줄 수 있다.

2. 스포츠 사례로 보는 STP 전략

스포츠센터의 경우, 전체 지역 주민을 대상으로 하기보다는 '운동 경험이 적은 직장인 초보자'라는 세분 시장을 설정할 수 있다. 이 중에서도 야근과 스트레스로 운동을 미루는 30대 직장인을 표적시장으로 삼고, "혼자 와도 부담 없는 운동 공간"이라는 포지셔닝을 구축할 수 있다.

스포츠 동호회나 이벤트에서는 '경쟁'이 아닌 '경험'에 가치를 두는 참여자를 중심으로 STP 전략을 설정할 수 있다. 기록이나 실력보다 함께하는 즐거움을 강조하는 포지셔닝은 기존의 스포츠 모임과 차별화된 이미지를 만들어 준다.

3. 개인·소규모 스포츠 사업을 위한 STP 적용

개인 트레이너, 소규모 체육시설, 지역 스포츠 창업의 경우 STP 전략은 더더욱 중요하다. 자원이 제한된 상황에서 STP 전략은 마케팅의 방향을 단순화하고, 불필요한 비용을 줄이는 역할을 한다.

소규모 스포츠 사업자는 먼저 자신이 잘할 수 있는 영역과 그렇지 않은 영역을 구분하고, 그에 맞는 표적시장을 설정해야 한다. 이후 해당 시장의 언어와 관심사에 맞는 포지셔닝을 유지하는 것이 중요하다. 이는 광고 문구뿐만 아니라, 프로그램 구성, 공간 분위기, 커뮤니케이션 방식 전반에 반영되어야 한다.

예를 들어 아이스링크를 운영하는 개인 사업자가 학생 스케이팅 체험학습이나 방학특강을 위한 프로그램을 계획할 때 주류시장을 학교의 학생으로 정하고, 주 타깃은 고3생들 보다는 초등학생으로 정하는 것이 좋겠다. 홍보를 위한 현수막을 제작하고 게시할 때에 어느 장소가 유리할까? 주 타깃인 초등학생을 키울 만한 부모의 연령을 고려, 그들이 거주할 만한 아파트 평수를 검색하고, 그 앞에 게시하는 것이 바람직하다.

정리

STP 전략은 스포츠마케팅에서 "누구에게, 어떻게 다가갈 것인가"에 대한 명확한 답을 제시한다. 시장을 세분화하고, 집중할 대상을 선택하며, 차별화된 이미지를 구축하는 이 과정은 이후에 다루게 될 마케팅 믹스 전략의 방향을 결정짓는 핵심 기준이 된다. 스포츠마케팅에서 STP 전략은 전략의 중심축이며, 시장세분화(segmentation) → 표적시장(Targeting) → 위치화(positioning)가 순차적으로 연결되어야 한다.

【현장 스토리】

동네 편의점의 STP 전략

전남 광양시 주거지역 한가운데 위치한 한 동네 편의점은 대형 프랜차이즈 편의점들과 동일한 브랜드를 사용하고 있었지만, 매출과 방문 빈도는 점점 줄어들고 있었다. 점주는 본사의 공통 프로모션을 그대로 따르고 있었고, 상품 구성과 가격 역시 인근 편의점과 큰 차이가 없었다. 겉으로 보기에는 '편의점은 다 똑같다'는 인식이 지배적인 상황이었다.

이 편의점의 점주는 문제의 원인을 '홍보 부족'이 아니라 '대상 설정의 부재'에서 찾기 시작했다. 그는 먼저 편의점이 위치한 주변 환경을 관찰했다. 반경 500미터 이내에 초등학교, 소형 아파트 단지, 그리고 1인 가구가 많은 원룸촌이 혼재되어 있었다. 낮 시간대에는 학부모와 노년층의 유동이 많았고, 저녁 이후에는 퇴근한 직장인과 대학생의 방문이 집중되었다. 이 관찰을 통해 점주는 전체 고객을 하나로 보던 시각에서 벗어나, 시장을 세분화할 필요성을 인식했다.

시장 세분화(Segmentation)는 인구통계적 기준과 라이프스타일 기준을 함께 사용하여 이루어졌다. 연령과 가족 구성에 따라 학생·1인 가구·중장년 가구로 나뉘었고, 이용 목적에 따라 간편 식사 구매, 생활 필수품 구매, 야간 간식 소비 등으로 구분되었다. 이 과정에서 점주는 특히 저녁 시간대 방문 비율이 높은 1인 가구 직장인과 대학생 고객의 소비 패턴이 반복적이라는 점에 주목했다.

다음 단계인 표적시장 선정(Targeting)에서는 모든 세분 시장을 만족시키려는 기존 방식을 포기했다. 대신, 이 편의점은 '퇴근 후 간단한 식사와 휴식을 찾는 1인 가구 고객'을 핵심 표적시장으로 설정했다. 이들은 가격에 민감하지만, 동시에 편의성과 즉시성을 중요하게 여기는 집단이었다. 이 선택은 어린이 고객을 포기하거나, 대량 구매 고객을 배제한다는 의미가 아니라, 마케팅과 운영의 중심축을 어디에 둘 것인지를 정하는 결정이었다.

표적시장이 설정되자 포지셔닝(Positioning)의 방향도 명확해졌다. 이 편의점은 '싸거나 다양한 편의점'이 아니라, '집에 가기 전 잠깐 들러 하루를 정리하는 편의점'이라는 이미지를 만들고자 했다. 이를 위해 매대 구성에서 즉석식품과 소용량 반찬, 간편 안주류의 비중을 높였고, 주로 그러한 메뉴들을 고객들이 잘 볼 수 있는 곳에 전면 배치하였다. 직원 응대 역시 빠르고 간결하면서도 불필요한 스트레스를 주지 않는 방식으로 정리되었다.

이러한 STP 전략은 화려한 광고 없이도 효과를 만들어냈다. 고객은 이 편의점을 특별히 '의식'하지는 않았지만, 필요할 때 자연스럽게 떠올리게 되었다. 야간 시간대 방문 빈도는 높아졌고,

반복 구매가 늘어났다. 이 사례에서 중요한 점은 STP 전략이 거창한 마케팅 기법이 아니라, 일상의 선택을 구조화하는 사고 방식이라는 점이다.

동네 편의점 사례는 제5장에서 설명한 STP 전략이 대기업이나 전문 마케터만의 도구가 아니라, 작은 사업에서도 충분히 적용 가능한 현실적인 전략임을 보여준다. 시장을 나누고, 대상을 선택하며, 그 대상에게 어떤 존재로 인식될지를 결정하는 과정은, 스포츠마케팅뿐 아니라 모든 생활 밀착형 비즈니스에서 핵심적인 의사결정 기준이 된다.

제3부

스포츠마케팅 실행 전략

제6장 스포츠 마케팅 믹스 - 5P 전략

STP 전략이 "누구에게, 어떤 이미지로 다가갈 것인가"를 정하는 과정이라면, 마케팅 믹스 전략은 "그 전략을 실제로 어떻게 실행할 것인가"에 대한 답이다. 아무리 명확한 표적시장과 포지셔닝을 설정했더라도, 이를 구체적인 행동으로 옮기지 못하면 스포츠마케팅은 현장에서 작동하지 않는다. 이러한 실행 전략을 체계적으로 정리한 것이 바로 마케팅 믹스이며, 스포츠 분야에서는 일반적인 4P에 '사람(People)'을 추가한 5P 전략이 주로 활용된다.

1. 마케팅 믹스의 개념

마케팅 믹스(Marketing Mix)는 기업이 목표 시장에서 원하는 반응을 이끌어내기 위해 통제할 수 있는 전략 요소들의 조합을 의미한다. 전통적으로는 4P(Product, Price, Place, Promotion)가 중심이었으나, 서비스 산업의 특성이 강조되면서 People이 추가되어 5P 전략으로 확장되었다.

스포츠 산업은 유형의 제품보다 무형의 경험과 서비스가 중심이 되기 때문에 5P 전략이 특히 중요하다. 스포츠 마케팅에서 제품은 단순한 운동 프로그램이 아니라, 그 안에서 형성되는 관계, 성취, 감정까지 포함한다. 따라서 5P는 각각 독립된 요소가 아니라 서로 긴밀하게 연결된 전략 체계로 이해해야 한다.

2. 제품(product)

1) 제품 정의 - 코틀러가 분류한 제품의 3가지 수준

마케팅 이론에서 필립 코틀러(Philip Kotler)는 제품을 단순한 물건이 아니라 가치를 제공하는 복합 개념으로 보았다. 그는 제품

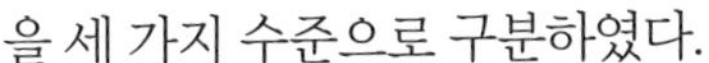

을 세 가지 수준으로 구분하였다.

첫째는 핵심제품(Core Product)이다. 이는 소비자가 실제로 구매하려는 근본적 혜택을 의미한다. 예를 들어 헬스장을 이용하는 고객이 구매하는 것은 기구가 아니라 '건강 개선'이며, 프로야구 경기를 보는 팬이 구매하는 것은 좌석이 아니라 '흥분과 즐거움'이다.

둘째는 실제제품(Actual Product)이다. 이는 눈에 보이고 구체화된 형태의 제품이다. 스포츠에서는 경기 자체, 선수, 유니폼, 시설, 프로그램 구성 등이 여기에 해당한다. 실제제품은 브랜드명, 디자인, 품질 수준, 서비스 방식 등을 포함한다.

셋째는 확장제품(Augmented Product)이다. 이는 기본 제품에 추가로 제공되는 서비스와 혜택이다. 예를 들어 무료 주차, 회원 관리 앱, 코치의 개인 피드백, 경기 후 팬 사인회, 굿즈 제공 등이 이에 해당한다. 현대 스포츠 산업에서는 이 확장제품이 경쟁력을 좌우하는 경우가 많다.

결국 스포츠 제품은 단순한 물리적 대상이 아니라, 혜택-형태-서비스가 결합된 총체적 경험이다.

2) 스포츠 제품의 구성 요소

스포츠 제품은 일반 제품과 달리 복합적 요소로 구성된다. 대표적인 구성 요소는 다음과 같다.

첫째, 경기 자체이다. 관람 스포츠에서는 경기가 핵심 상품이며, 참여 스포츠에서는 프로그램 활동 자체가 중심이 된다. 경기의 수준, 흥미, 경쟁 구도는 제품 가치에 직접적인 영향을 준다.

둘째, 선수와 팀이다. 선수의 스타성, 팀의 역사와 스토리는 브랜드 가치를 형성한다. 스포츠에서는 사람이 곧 상품이 되는 경우가 많다.

셋째, 시설과 환경이다. 경기장, 체육관, 헬스장, 클라이밍짐 등 물리적 공간은 소비자의 경험에 큰 영향을 미친다. 쾌적함, 접근성, 안전성은 제품의 일부로 작용한다.

넷째, 입장권과 이용권이다. 이는 스포츠 경험에 접근할 수 있는 권리를 의미한다. 좌석 등급, 회원권 형태, 패키지 상품 등은 제품 구성의 중요한 요소다.

다섯째, 부가 상품과 서비스이다. 굿즈, 기념품, 이벤트, 팬 미팅, 지도자의 코칭 서비스 등은 확장제품에 해당한다.

이처럼 스포츠 제품은 단일 요소가 아니라 여러 구성 요소가 결합된 '경험 패키지'라고 볼 수 있다.

3) 스포츠 제품의 특징

스포츠 제품은 일반 제조업 제품과 비교해 몇 가지 독특한 특징을 가진다.

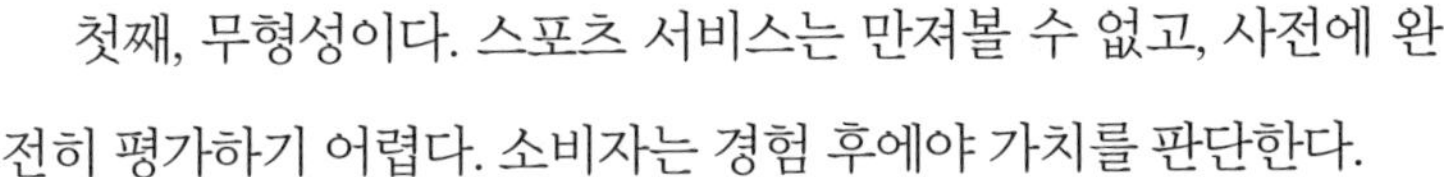

첫째, 무형성이다. 스포츠 서비스는 만져볼 수 없고, 사전에 완전히 평가하기 어렵다. 소비자는 경험 후에야 가치를 판단한다.

둘째, 동시성이다. 생산과 소비가 동시에 이루어진다. 경기는 진행되는 순간 소비되며, 수업 역시 제공과 동시에 소비된다.

셋째, 결과의 불확실성이다. 스포츠의 매력은 승패를 예측할 수 없다는 데 있다. 그러나 이 불확실성은 동시에 마케팅의 위험 요소가 되기도 한다.

넷째, 감정 중심 소비이다. 스포츠는 합리적 판단보다 감정과 소속감이 소비를 이끈다.

다섯째, 사람 의존성이다. 지도자, 선수, 코치의 역량과 태도가 제품 품질에 직접 영향을 미친다.

이러한 특성 때문에 스포츠마케팅은 단순 기능 홍보보다 경험 설계와 관계 관리가 중요하다.

4) 제품수명주기(Product Life Cycle)

제품수명주기(PLC)는 제품이 시장에 도입된 후 쇠퇴하기까지의 과정을 단계별로 설명하는 이론이다. 일반적으로 도입기, 성장기, 성숙기, 쇠퇴기의 네 단계로 구분된다.

① 도입기…제품이 처음 시장에 등장하는 단계다. 소비자 인지도가 낮고, 매출은 적으며 비용이 높다. 마케팅 목표는 인지

도 확보와 초기 수요 창출이다. 스포츠 예로는 새로운 종목(예: 실내 클라이밍 초기 도입기)이나 신생 리그가 해당된다.

② 성장기…제품이 시장에서 인정을 받고 빠르게 확산되는 단계다. 매출이 증가하고 경쟁자가 등장한다. 차별화 전략이 중요해진다. 예를 들어 필라테스가 대중화되던 시기가 성장기에 해당한다.

③ 성숙기…시장 포화 상태에 가까워지는 단계다. 경쟁이 치열해지고, 가격 경쟁과 브랜드 경쟁이 동시에 나타난다. 고객 유지 전략과 서비스 차별화가 중요하다. 헬스장 산업은 현재 많은 지역에서 성숙기에 접어든 사례로 볼 수 있다.

④ 쇠퇴기…수요가 감소하는 단계다. 트렌드 변화, 대체재 등장 등이 원인이 된다. 이 단계에서는 제품 개선, 재포지셔닝, 철수 전략 등이 고려된다. 예를 들어 특정 유행 운동이 인기를 잃는 경우가 이에 해당한다.

5) Product(제품)

스포츠 산업에서 제품은 단순한 물건이 아니라 프로그램·서비스·경험·이벤트를 포함하는 넓은 개념이다.

(1) 스포츠 프로그램

스포츠 프로그램은 참여자가 직접 경험하는 핵심 상품이다. 예를 들어 태권도 수련 과정, 헬스장의 트레이닝 프로그램, 러닝 크루의 훈련 계획 등이 이에 해당한다.

프로그램 전략의 핵심은 다음과 같다.

첫째, 목표 고객에 맞는 구성이다. 유소년, 직장인, 시니어는 운동 목적과 체력 수준이 다르므로 프로그램 차별화가 필요하다.

둘째, 단계적 설계이다. 초급–중급–고급 과정으로 체계화하면 참여 지속률을 높일 수 있다.

셋째, 경험 설계이다. 단순한 운동이 아니라 성취감, 공동체 경험, 이벤트 참여 등을 포함해야 경쟁력이 생긴다.

스포츠 프로그램은 '내용'이 곧 브랜드가 된다.

(2) 스포츠 서비스

스포츠 서비스는 시설 관리, 상담, 지도자의 태도, 예약 시스템, 고객 응대 등 눈에 보이지 않는 요소를 포함한다.

서비스 전략의 핵심은 품질과 일관성이다. 지도자의 전문성과 친절함, 청결한 환경, 안전 관리 체계는 고객 만족도를 결정한다.

또한 서비스는 제공과 소비가 동시에 이루어지기 때문에 인적 자원의 역량이 곧 상품의 질이 된다. 스포츠 산업에서는 사람의 태도와 전문성이 제품의 일부다.

(3) 스포츠 이벤트

이벤트는 참여를 촉진하고 브랜드 이미지를 강화하는 강력한 제품 전략이다. 내부 대회, 시즌 오픈 행사, 지역 연계 축제 등은 고객 충성도를 높인다.

이벤트 전략은 단기 매출보다 관계 형성에 초점을 두어야 한다. 참가 경험이 긍정적으로 형성되면 재참여 가능성이 높아진다.

3. 가격(Price)

1) 가격의 정의

가격은 소비자가 제품이나 서비스를 획득하기 위해 지불해야 하는 금전적 대가를 의미한다. 그러나 마케팅 관점에서 가격은 단순한 '돈의 액수'가 아니다. 가격은 기업이 제공하는 가치에 대한 교환 조건이며, 소비자가 지각하는 제품의 가치와 직접적으로 연결된 전략 요소다.

스포츠 산업에서 가격은 이용권, 입장권, 회비, 참가비, 멤버십 비용 등 다양한 형태로 나타난다. 예를 들어 헬스장의 월 회원권, 프로야구 경기의 좌석 등급별 입장권, 마라톤 대회의 참가비, 태권도장의 월 수련비 등이 모두 가격에 해당한다.

중요한 점은 가격이 단순히 비용을 보전하기 위한 수단이 아니라, 브랜드의 위치와 품질 수준을 나타내는 신호(signal) 역할을 한다는 것이다. 지나치게 낮은 가격은 품질에 대한 의심을 불러일으킬 수 있고, 높은 가격은 프리미엄 이미지를 형성할 수 있다. 따라서 가격은 전략적 의사결정의 핵심 요소다.

2) 가격의 역할

가격은 마케팅 믹스(4P/5P) 중 유일하게 직접적으로 수익을 창출하는 요소다. 제품(Product), 유통(Place), 촉진(Promotion), 사람(People)은 비용을 발생시키지만, 가격은 매출을 만들어낸다. 이 때문에 가격 전략은 기업의 수익성과 직결된다.

가격의 첫 번째 역할은 수익 창출 기능이다. 스포츠 시설 운영에서는 회원 수와 이용 빈도에 가격이 직접적인 영향을 미친다. 가격이 지나치게 높으면 신규 고객 유입이 줄고, 지나치게 낮으면 수익성이 악화된다.

두 번째 역할은 시장 포지셔닝 기능이다. 가격은 소비자에게 "이 제품은 어느 수준인가"를 암묵적으로 전달한다. 이를 "가격-품질 연상현상"이라고 하는데, 가격은 제품의 품질과 수준을 예측하게 한다.

세 번째 역할은 수요 조절 기능이다. 스포츠 이벤트의 조기 등록 할인, 성수기·비수기 가격 차등, 장기 등록 할인 정책 등은 수요를 분산하거나 안정화하기 위한 전략이다.

네 번째 역할은 경쟁 전략 도구이다. 동일 지역 내 스포츠 시설 간 경쟁에서 가격은 중요한 변수로 작용한다. 그러나 스포츠 산업에서는 단순한 가격 인하 경쟁이 장기적으로 브랜드 가치를 약화시킬 수 있어 신중한 접근이 필요하다.

3) 스포츠 제품 가격의 특징

스포츠 제품의 가격은 일반 제조업 제품과는 다른 특성을 가진다.

첫째, 무형성과 경험성이다. 스포츠 서비스는 사전에 품질을 완전히 확인하기 어렵다. 소비자는 가격을 통해 품질을 추정하는 경향이 있다. 따라서 가격은 신뢰의 기준으로 작용한다.

둘째, 지속 소비 구조이다. 대부분의 스포츠 서비스는 정기 등록 형태로 운영된다. 월 회비, 시즌권, 연간 회원권 등은 반복 지불 구조를 가진다. 이 때문에 가격은 단발성 부담이 아니라 장기적 부담으로 인식된다.

셋째, 감정적 가치 반영이다. 관람 스포츠에서는 팀에 대한 애정이나 소속감이 가격 저항을 낮출 수 있다. 팬은 단순히 좌석을 구매하는 것이 아니라, 감정적 경험에 비용을 지불한다.

넷째, 변동성과 불확실성이다. 스포츠 경기는 결과를 예측할 수 없으며, 성적에 따라 수요가 변동할 수 있다. 따라서 시즌 성적, 스타 선수의 존재 여부, 트렌드 변화가 가격 전략에 영향을 준다.

다섯째, 계절성과 이벤트성이다. 스키장, 워터파크, 시즌 스포츠는 성수기와 비수기 가격 차등 전략이 일반적이다. 마라톤 대회나 캠프 프로그램도 조기 등록 할인, 단체 할인 등을 활용한다.

이처럼 스포츠 제품의 가격은 단순한 비용 계산을 넘어, 경험 가치·시장 위치·수요 조절·관계 유지까지 고려하는 복합 전략 요소다.

4) Price(가격)

스포츠 산업에서 가격은 단순한 비용이 아니라 '가치의 표현'이다. 지나치게 낮은 가격은 서비스의 가치를 떨어뜨릴 수 있고, 지나치게 높은 가격은 접근성을 낮출 수 있다.

가격 전략에는 다음과 같은 방식이 있다.

- 정액제 회비
- 횟수권·패키지 상품
- 프리미엄 프로그램 차등 가격
- 할인 전략(학생·가족·조기 등록 할인)

중요한 것은 가격이 프로그램의 수준과 일관되어야 한다는 점이다. 또한 스포츠는 지속 소비 산업이므로 장기 등록 유도를 위한 가격 설계가 필요하다.

4. 장소(Place)

1) Place(유통·장소)의 정의와 개념

마케팅 믹스에서 Place는 제품이나 서비스를 소비자가 어디에서, 어떻게 접하고 이용할 수 있는가를 의미한다. 일반 제조업에서는 유통 채널(도매·소매·온라인 플랫폼 등)이 중심이 되지만, 스포츠 산업에서는 '장소'가 곧 상품의 일부가 되는 경우가 많다.

특히 관람 스포츠와 참여 스포츠는 물리적 공간에서 경험이 이루어진다는 점에서 장소의 중요성이 매우 크다. 경기장은 단순한 건물이 아니라, 팬의 감정이 형성되는 공간이며, 스포츠센터는 단순한 운동 공간이 아니라 회원의 경험이 축적되는 장소다.

예를 들어, 축구 전용 경기장은 관중석 구조, 조명, 잔디 상태, 응원 구역 배치에 따라 관람 몰입도가 달라진다. 실내 클라이밍 짐이나 피트니스센터도 동선과 공간 분위기에 따라 재방문 의사가 달라진다. 따라서 Place는 단순히 "위치"를 의미하는 것이 아니라, 접근성·환경·공간 경험을 포함하는 전략 요소다.

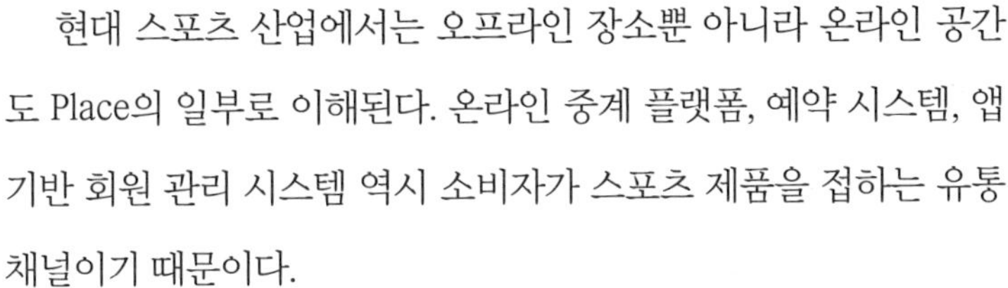

현대 스포츠 산업에서는 오프라인 장소뿐 아니라 온라인 공간도 Place의 일부로 이해된다. 온라인 중계 플랫폼, 예약 시스템, 앱 기반 회원 관리 시스템 역시 소비자가 스포츠 제품을 접하는 유통 채널이기 때문이다.

2) 스포츠시설

스포츠시설은 스포츠 제품이 실제로 구현되는 핵심 공간이다. 시설은 단순한 물리적 인프라가 아니라, 브랜드 이미지와 고객 경험을 형성하는 중요한 요소다. 스포츠시설 전략은 크게 시설의 배치, 시설 디자인, 부대시설 측면에서 이해할 수 있다.

(1) 시설의 배치

시설 배치는 공간의 구조와 동선을 설계하는 문제다. 참여 스포츠 시설에서는 입구, 접수대, 탈의실, 운동 공간, 휴식 공간의 위치가 이용 편의성과 직결된다. 동선이 복잡하거나 혼잡하면 만족도가 떨어진다.

관람 스포츠 경기장에서는 관중석 구조, 출입구 위치, 응원 구역 배치, 매점 위치 등이 중요하다. 예를 들어 가족 관람석과 열성팬 응원석을 구분하면 각 집단의 만족도를 높일 수 있다.

또한 시설 배치는 안전성과도 연결된다. 비상구 위치, 응급 처치 공간, 동선 분리 설계는 스포츠 시설 운영에서 필수 요소다. 특히 만약의 사태를 대비하여 문은 바깥쪽으로 열 수 있게 설계하는 것이 중요하다. 화재 시 많은 사람들이 한꺼번에 출입구로 몰리는 경우를 대비하는 지혜인 것이다. 한 가지 더 추가하자면, 야외 테니스장의 경우 선수들이 어느 방향을 서로 바라보며 경기할 수 있도록 설계해야 할까? 당연히 남북방향이다. 아침 경기이든, 저녁 경기이든 한편에서 햇빛으로 인한 눈부심 때문에 경기가 방해받으면 안된다. 시설의 배치는 이런 여러 가지 자연환경에 대한 요인도 고려해야 하므로 반드시 전문자의 조언이 필수이다.

(2) 시설 디자인

시설 디자인은 단순한 미적 요소를 넘어 브랜드 이미지와 연결된다. 스포츠 공간은 소비자가 머무르는 시간 동안 감정과 인상을 형성하는 환경이다. 예를 들어, 고급 피트니스센터는 조명과 인테리어를 통해 프리미엄 이미지를 강조하고, 청소년 중심 스포츠센터는 밝고 활동적인 색감을 활용한다. 클라이밍짐은 벽면 색상과 구조물을 통해 역동성을 표현할 수 있다.

경기장 디자인 역시 마찬가지다. 웅장한 구조, 팀 컬러 반영, 상징 조형물은 팬의 소속감을 강화한다. 최근에는 SNS 촬영이 가능한 포토존 설계도 중요한 디자인 요소로 포함된다.

결국 시설 디자인은 공간의 기능성을 넘어서, 브랜드 경험을 시각적으로 구현하는 전략이다.

(3) 부대시설(주차장 등)

부대시설은 종종 간과되지만, 실제 만족도에 큰 영향을 미친다. 대표적인 예가 주차장이다. 접근성이 좋더라도 주차 공간이 부족하면 이용 불편이 발생한다. 부대시설은 다음과 같은 요소를 포함한다.

- 장애인 접근성 시설
- 주차장 규모 및 접근성
- 탈의실·샤워실 청결 상태
- 휴식 공간 및 카페
- 매점 및 굿즈 판매 공간
- 유아 동반 고객을 위한 편의 시설

특히 가족 단위 관람객이나 시니어 참여자가 많은 경우, 부대시설의 편의성은 재방문 결정에 직접적인 영향을 미친다.

스포츠 시설은 단순히 운동을 하는 공간이 아니라, 이동-대기-참여-휴식까지 이어지는 전체 경험 공간이다. 부대시설은 그 경험을 완성하는 요소다.

3) Place(유통·장소)

'한일전 축구경기'라는 제품이 고객(관람객)들에게 판매되는 장소는 어디일까? 당연히 경기장이다. 참여스포츠에 비해 관람스포츠의 유통(소비)을 위하여 고객은 돈을 지불한다. 때로는 경기의 규모와 중요도에 따라 많은 금액을 기꺼이 지불하는 경우도 많다. 이렇게 스포츠가 소비되는 장소를 스포츠마케팅에서는 유통 혹은 장소라고 한다. 스포츠 산업에서 장소는 매우 중요한 요소다. 참여스포츠는 대부분 지역 밀착형이기 때문에 접근성이 핵심 경쟁력이다. Place 전략은 다음을 포함한다.

- 시설의 입지 선정
- 주차 및 교통 편의성
- 온라인 예약 시스템 구축
- 디지털 플랫폼을 통한 서비스 확장

최근에는 오프라인 공간뿐 아니라 온라인 공간도 유통 전략에 포함된다. 온라인 클래스, 유튜브 채널, SNS 콘텐츠는 새로운 유통 채널이 된다.

5. 촉진(Promotion)

1) 촉진의 개념

촉진(Promotion)은 마케팅 믹스에서 소비자에게 제품이나 서비스의 존재와 가치를 알리고, 구매나 참여를 유도하는 모든 커뮤니케이션 활동을 의미한다. 단순히 “알리는 것”이 아니라, 설득하고 행동을 이끌어내는 과정이다.

스포츠 산업에서 촉진은 특히 중요하다. 스포츠는 무형의 경험 상품이기 때문에, 소비자는 사전에 품질을 직접 확인하기 어렵다. 따라서 메시지, 이미지, 스토리, 후기 등이 소비자의 판단에 큰 영향을 미친다. 예를 들어 마라톤 대회 참가자를 모집할 때, 코스 안내뿐 아니라 참가자 경험과 분위기를 전달해야 참여 의사가 생긴다. 촉진 활동은 광고, 공보(홍보), 판매촉진, 인적판매, 디지털 콘텐츠 등 다양한 방식으로 이루어진다. 스포츠마케팅에서 촉진은 단순한 홍보가 아니라 브랜드 이미지 형성과 참여 동기 자극의 핵심 전략이다.

2) 광고

광고는 기업이나 단체가 비용을 지불하고 매체를 통해 메시지를 전달하는 유료 커뮤니케이션 활동이다. 통제 가능한 방식으로 특정 대상에게 정보를 전달할 수 있다는 점이 특징이다.

스포츠 산업에서 광고는 다양한 형태로 나타난다. 예를 들어 프로구단의 시즌권 광고, 피트니스센터의 오픈 프로모션 광고, 스포츠 브랜드의 선수 모델 광고 등이 있다. 최근에는 전통적인 TV·신문 광고보다 SNS, 유튜브, 온라인 배너 광고가 활발하게 활용된다.

광고의 주요 기능은 다음과 같다.

- 인지도 형성
- 브랜드 이미지 구축
- 참여·구매 유도
- 경쟁사와의 차별화

그러나 광고는 비용이 발생하며, 메시지가 일방향적으로 전달되는 한계가 있다. 특히 소규모 스포츠 사업자의 경우 대규모 광고보다는 지역 타깃 맞춤 광고나 SNS 콘텐츠 광고가 현실적인 전략이 된다. 스포츠 광고는 감정적 요소가 강하다. 선수의 열정, 팬의 환호, 도전과 성취의 이미지가 소비자의 감성을 자극한다. 기능보다 감정에 호소하는 경우가 많다는 점이 일반 상품 광고와 다른 특징이다.

3) 공보(언론홍보)

공보(또는 PR: Public Relations)는 기업이나 단체가 언론, 지역사회, 공공기관 등을 통해 긍정적 이미지를 형성하는 활동이다. 광고와 달리 직접 비용을 지불하지 않고 언론 보도나 기사, 뉴스 형식으로 노출되는 경우가 많다.

스포츠 산업에서 공보는 매우 중요한 촉진 수단이다. 예를 들어

지역 마라톤 대회가 지역 신문에 보도되거나, 스포츠센터의 사회 공헌 활동이 뉴스에 소개되는 경우가 이에 해당한다. 이는 광고보다 신뢰도가 높게 인식되는 장점이 있다.

공보의 목적은 단기 판매 촉진보다 장기 이미지 형성에 있다. 특히 프로스포츠 구단이나 대형 스포츠 이벤트는 언론 노출이 브랜드 가치를 크게 높인다. 선수의 선행 활동이나 지역 사회 기여 사례는 긍정적 브랜드 이미지를 강화한다. 그러나 공보는 기업이 완전히 통제할 수 없는 영역이기도 하다. 부정적 사건이 발생하면 언론 보도가 오히려 브랜드 이미지에 타격을 줄 수 있다. 따라서 위기 관리와 언론 대응 전략도 공보 활동의 일부로 포함된다.

4) Promotion(촉진)

촉진 전략은 고객에게 가치를 알리고 참여를 유도하는 활동이다. 전통적인 방식으로는 전단지, 현수막, 지역 홍보가 있으며, 최근에는 SNS, 유튜브, 블로그, 인스타그램이 주요 채널이 되었다.

스포츠 산업에서 촉진 전략의 핵심은 스토리와 신뢰다. 지도자의 철학, 회원의 변화 사례, 대회 참가 경험은 강력한 홍보 콘텐츠가 된다. 또한 입소문 마케팅(구전마케팅)의 영향력이 매우 크다. 스포츠는 커뮤니티 기반 산업이기 때문에 기존 회원의 추천이 신규 고객 유치에 큰 역할을 한다.

6. 사람(People)

1) 5P 믹스 중 People의 정의

마케팅 믹스에서 People은 제품과 서비스를 실제로 제공하는 사람, 그리고 그 서비스를 경험하는 사람까지 포함하는 인적 요소를 의미한다. 일반 제조업에서는 제품 자체가 중심이 되지만, 스포츠 산업은 서비스 비중이 높기 때문에 사람이 곧 상품의 일부가 된다. 코치, 트레이너, 심판, 운영자, 안내 직원은 물론이고, 경우에 따라 선수와 팬까지도 브랜드 경험을 구성하는 중요한 요소가 된다.

특히 스포츠 서비스는 생산과 소비가 동시에 이루어지는 특성이 있다. 수업을 진행하는 지도자의 말투, 표정, 피드백 방식은 그 순간 고객이 경험하는 제품의 질이 된다. 따라서 People 전략은 단순 인사관리 차원을 넘어, 스포츠마케팅의 핵심 경쟁 요소로 이해해야 한다.

2) people의 핵심 구성요소

스포츠 분야에서 People의 핵심 구성요소는 크게 전문성, 태도, 신뢰성, 관계 형성 능력으로 나눌 수 있다.

첫째, 전문성이다. 지도자의 자격증, 경험, 기술적 능력은 기본 조건이다. 전문성이 부족하면 장기 신뢰를 형성하기 어렵다.

둘째, 태도이다. 친절함, 성실함, 책임감은 고객 만족에 직접적인 영향을 미친다. 같은 프로그램이라도 지도자의 태도에 따라 평가가 달라진다.

셋째, 신뢰성이다. 시간 약속 준수, 안전 관리, 일관된 운영은 신뢰를 구축한다. 스포츠는 신체 활동이 수반되기 때문에 신뢰가 더욱 중요하다.

넷째, 관계 형성 능력이다. 스포츠 서비스는 반복 이용 구조이므로, 지도자와 고객 간의 관계가 유지율을 좌우한다. 고객을 단순 이용자가 아닌 공동체 구성원으로 인식하게 만드는 능력이 중요하다.

3) 태도와 서비스 마인드

스포츠 산업에서 태도는 기술 못지않게 중요하다. 고객은 프로그램의 수준뿐 아니라, 자신이 존중받고 있는지, 관심을 받고 있는지를 민감하게 느낀다.

서비스 마인드는 단순한 친절을 넘어, 고객의 입장에서 생각하는 자세를 의미한다. 초보자가 느끼는 불안을 이해하고 배려하는 태도, 실수에 대해 격려하는 피드백, 안전을 최우선으로 고려하는 운영은 서비스 마인드의 핵심이다.

특히 참여 스포츠에서는 작은 말 한마디가 재등록 여부를 결정할 수 있다. 스포츠는 신체적 한계를 경험하는 활동이기 때문에, 지도자의 태도는 고객의 자존감과 직결된다.

4) 커뮤니케이션

커뮤니케이션은 People 전략의 실행 도구다. 이는 단순 정보 전달이 아니라, 신뢰와 관계를 형성하는 과정이다.

첫째, 명확한 설명 능력이 중요하다. 운동 방법, 규칙, 안전 수칙

을 이해하기 쉽게 전달해야 한다.

둘째, 피드백 능력이다. 구체적이고 긍정적인 피드백은 동기를 강화한다.

셋째, 경청 능력이다. 고객의 불편 사항이나 목표를 이해하고 반영하는 태도는 만족도를 높인다.

넷째, 디지털 커뮤니케이션이다. 최근에는 SNS, 메시지 앱, 예약 시스템을 통한 소통도 중요하다. 빠르고 정확한 응답은 신뢰를 형성한다.

스포츠 산업에서 커뮤니케이션은 단순한 기능이 아니라, 고객 경험의 핵심 요소다.

5) 조직문화와 내부관리

People 전략은 개인의 역량에만 의존해서는 지속 가능하지 않다. 조직문화와 내부관리 체계가 함께 구축되어야 한다.

조직문화는 구성원들이 공유하는 가치와 행동 기준을 의미한다. 예를 들어 "안전 최우선", "초보자 환영", "상호 존중" 같은 문화는 서비스의 일관성을 만든다.

내부관리 측면에서는 교육과 평가 체계가 중요하다. 정기적인 직원 교육, 서비스 매뉴얼, 피드백 시스템은 서비스 품질을 유지하게 한다.

또한 직원 만족도 관리도 중요하다. 내부 분위기가 긍정적이어야 고객 경험도 긍정적으로 형성된다. 스포츠 산업은 사람 중심 산업이므로, 내부 구성원의 태도와 동기 수준이 곧 브랜드 이미지로 연결된다.

6) People(사람)

사람 전략은 스포츠마케팅에서 가장 중요한 요소 중 하나다. 트레이너, 지도자, 운영자, 직원, 심지어 참여형서비스일 경우 고객 본인까지 모두 브랜드를 대표하는 존재이며, 소비자는 이들과의 상호작용을 통해 스포츠 서비스를 평가한다.

People 전략의 핵심은 다음과 같다.

첫째, 전문성 확보이다. 지도자의 자격, 경험, 교육은 신뢰를 만든다.

둘째, 태도와 커뮤니케이션 능력이다. 친절함과 공감 능력은 고객 유지율을 결정한다.

셋째, 조직 문화 구축이다. 직원 간 협력과 긍정적 분위기는 고객 경험으로 이어진다.

스포츠 산업은 '사람이 곧 상품'인 산업이다. 따라서 인적 자원 관리가 마케팅 전략의 핵심이 된다.

7. 스포츠 분야별 5P 적용 사례

마케팅 믹스 5P 전략은 모든 스포츠 분야에 동일하게 적용되지만, 종목과 산업 유형에 따라 강조점은 달라진다. 참여 스포츠, 관람 스포츠, 소규모 창업 스포츠, 공공 스포츠 시설 등은 각각 다른 구조와 소비 특성을 가지므로 5P의 조합 방식이 달라진다.

1) 태권도장(참여 스포츠)의 5P 적용

태권도장은 대표적인 지역 기반 참여 스포츠 산업이다.

Product(제품) 측면에서는 단순한 태권도 기술 교육이 아니라, 인성 교육, 승급 체계, 대회 참가 프로그램 등을 포함한 종합 프로그램으로 구성해야 한다. 학부모가 기대하는 교육적 가치까지 상품에 포함된다.

Price(가격) 전략은 월 회비 중심이지만, 형제 할인, 장기 등록 할인, 방학 특강 프로그램 등 다양한 구조를 통해 지속 등록을 유도한다.

Place(장소)는 접근성이 핵심이다. 초등학교 인근, 아파트 밀집 지역은 강력한 입지 조건이 된다.

Promotion(촉진)은 지역 커뮤니티 중심으로 이루어진다. 학부모 입소문, 학교 연계 체험 수업, 지역 행사 참여가 효과적이다.

People(사람) 전략이 가장 중요하다. 사범의 전문성과 태도, 아이들과의 관계 형성이 브랜드 가치를 결정한다.

2) 피트니스센터(헬스장)의 5P 적용

피트니스센터는 경쟁이 치열한 산업이다.

Product는 단순 기구 이용이 아니라, PT 프로그램, 그룹 트레이닝, 체형 분석 서비스 등으로 차별화한다.

Price는 월 회원권, PT 패키지, 프리미엄 프로그램 등 다양한 가격 구조를 설계한다.

Place는 대형 상권, 오피스 밀집 지역, 주거 단지 인근 등 타깃 고객에 따라 전략이 달라진다.

Promotion은 SNS, 인스타그램, 바디프로필 사례 공유 등 디지털 중심 전략이 효과적이다.

People은 트레이너의 전문성과 이미지가 핵심이다. 고객과의 관계 유지가 재등록률을 좌우한다.

3) 프로스포츠 구단(관람 스포츠)의 5P 적용

프로구단은 관람 중심 스포츠 산업이다.

Product는 경기 자체뿐 아니라, 응원 문화, 굿즈, 팬 이벤트, 경기장 경험을 포함한다.

Price는 좌석 등급별 차등 가격, 시즌권, 가족 패키지 등으로 구성된다.

Place는 경기장 시설, 접근성, 좌석 환경이 중요하며, 온라인 스트리밍도 유통 채널의 일부가 된다.

Promotion은 선수 스토리텔링, SNS 콘텐츠, 지역 연고 마케팅이 핵심이다.

People은 선수, 감독, 운영진, 팬 커뮤니티 모두가 브랜드를 구성한다.

4) 스포츠 이벤트(대회 운영)의 5P 적용

지역 마라톤 대회나 생활체육 대회는 이벤트 산업의 사례다.

Product는 경기 코스, 기념품, 완주 메달, 현장 체험 프로그램까지 포함한다.

Price는 참가비 책정이 핵심이며, 조기 등록 할인이나 단체 할인 전략을 활용한다.

Place는 대회 장소의 상징성과 접근성이 중요하다.

Promotion은 SNS 챌린지, 지역 언론 홍보, 협찬 기업 연계 홍보가 효과적이다.

People은 운영진, 자원봉사자, 참가자의 만족도가 재참여로 이어진다.

5) 스포츠용품 브랜드의 5P 적용

스포츠웨어 브랜드는 제조·유통 산업에 해당한다.

Product는 기능성, 디자인, 브랜드 이미지가 결합된 상품이다.

Price는 브랜드 포지셔닝에 따라 프리미엄 전략 또는 합리적 가격 전략을 선택한다.

Place는 오프라인 매장, 온라인 쇼핑몰, 스포츠 전문점 유통망을 활용한다.

Promotion은 선수 협찬, SNS 마케팅, 체험형 이벤트가 핵심이다.

People는 브랜드 앰배서더와 고객 커뮤니티가 브랜드 이미지를 형성한다.

정리

5P 전략은 STP 전략에서 설정한 방향을 실제 스포츠 현장에서 구현하기 위한 실행 도구다. 스포츠마케팅에서 마케팅 믹스는 단순한 요소 나열이 아니라, 사람과 경험을 중심으로 한 전략적 조합이다. 다섯 가

지 요소가 일관된 방향으로 작동할 때, 스포츠마케팅은 비로소 현장에서 힘을 발휘한다.

【현장 스토리】

태권도장의 5P 스포츠 마케팅 믹스

한은철 관장이 운영하는 동네 태권도장을 사례로 5P 스포츠 마케팅 믹스를 살펴보면, 제6장에서 다룬 마케팅 믹스가 이론이 아니라 일상적인 운영 판단의 틀이라는 점을 분명히 이해할 수 있다. 태권도장은 대표적인 생활체육 시설이지만, 학부모의 선택 기준과 아이들의 경험이 동시에 작용하는 만큼 마케팅 믹스의 균형이 특히 중요하다.

도시 주거지역에 위치한 한 동네 태권도장은 주변에 여러 개의 경쟁 도장이 있었고, 모두 비슷한 수련복, 비슷한 가격, 비슷한 홍보 문구를 사용하고 있었다. 관장은 더 많은 전단지를 뿌리거나 가격을 낮추는 방식이 아니라, 도장이 제공하는 '경험 전체'를 다시 설계하는 방식으로 접근하기로 했다. 이때 활용된 것이 5P 전략이었다.

먼저 제품(Product) 전략은 태권도장의 본질을 다시 정의하는 데서 시작되었다. 이 도장의 제품은 단순히 태권도 기술을 가르치는 수업이 아니라, 아이들이 안전하게 성장하고 부모가 안심할 수 있는 '수련 경험'이었다. 관장은 수련 프로그램을 연령과 발달 단계에 맞게 세분화하고, 기술 위주의 수업보다 기본 체력, 예절, 자신감 형성을 강조하는 방향으로 구성했다. 또한 승급 심사와 시범 활동을 아이들이 성취감을 느낄 수 있는 경험으로 설계해, 수련 자체가 하나의 완성된 제품이 되도록 했다.

가격(Price) 전략에서는 무조건적인 할인 경쟁을 피했다. 대신 학부모가 가격을 '부담'이 아니라 '투자'로 인식하도록 구조를 바꾸었다. 월 회비는 주변 도장과 큰 차이가 없었지만, 형제 할인, 장기 등록 혜택, 방학 특강 패키지를 통해 선택의 폭을 넓혔다. 중요한 것은 가격을 낮추는 것이 아니라, 가격에 대한 설명과 납득의 과정을 만드는 것이었다.

장소(Place) 전략은 도장의 위치 자체를 바꾸는 것이 아니라, 접근성과 편의성을 개선하는 데 초점을 맞췄다. 도장 내부 동선을 정리해 대기 공간을 쾌적하게 만들고, 학부모가 잠시 머물 수 있는 공간을 마련했다. 운영 시간 역시 학원 스케줄과 맞춰 조정되었고, 출결 안내와 공지 사항은 모바일 메시지를 통해 전달되어 물리적 공간과 디지털 공간이 함께 작동하도록 했다.

촉진(Promotion) 전략은 전단지 중심 홍보에서 벗어나 관계 중심으로 전환되었다. 관장은 수련 장면과 아이들의 성장 과정을 사진과 짧은 글로 공유했고, 도장의 분위기와 교육 철학을 자연스럽게 전달했다. 체험 수업은 단순한 무료 이벤트가 아니라, 실제 수련 흐름을 경험할 수 있도록 설계되었다. 학부모에게는 '잘 가르친다'는 메시지보다 '아이를 어떻게 대하는 도장인가'를 보여주는 데 초점을 맞췄다.

마지막으로 사람(People) 전략은 태권도장의 핵심이었다. 관장과 사범은 단순한 지도자가 아니라, 아이와 부모 모두에게 신뢰를 주는 브랜드 그 자체였다. 지도 방식, 말투, 아이를 대하는 태도는 곧 도장의 이미지로 인식되었다. 사범 간 지도 기준을 통일하고, 아이 한 명 한 명의 이름과 성향을 기억하려는 노력이 쌓이면서 도장은 '정이 있는 도장'이라는 이미지를 형성하게 되었다.

이 태권도장의 변화는 단기간에 폭발적인 신규 등록을 만들지는 않았다. 그러나 수련생의 유지율이 높아졌고, 학부모의 소개를 통한 자연 유입이 늘어났다. 이 사례에서 중요한 점은 5P 전략이 각각 따로 작동한 것이 아니라, 하나의 일관된 방향으로 연결되었다는 점이다.

동네 태권도장 사례는 스포츠 마케팅 믹스가 대형 스포츠 조직만을 위한 전략이 아니라, 생활체육 현장에서 매일 이루어지는 선택과 판단의 기준임을 보여준다. 5P 전략은 태권도장의 규모를 키우는 도구라기보다, 도장을 오래 지속시키는 구조를 만드는 실천적 전략이다.

제7장

스포츠 콘텐츠와 브랜딩

스포츠마케팅에서 브랜드는 로고나 이름에 그치지 않는다. 스포츠 브랜드는 사람들이 특정 팀, 선수, 시설, 프로그램을 떠올릴 때 자연스럽게 연상되는 이미지와 감정의 총합이다. 스포츠 산업에서 소비자는 기능이나 가격만으로 선택하지 않는다. 어떤 스포츠를 경험하는지가 곧 자신이 어떤 사람인지를 드러내는 수단이 되기 때문에, 스포츠 브랜딩은 마케팅 전략의 핵심 요소로 작용한다.

이 장에서는 스포츠 브랜드의 의미를 이해하고, 팀·선수·시설을 중심으로 브랜드를 어떻게 만들어 가는지, 그리고 스토리텔링과 팬 경험이 어떤 역할을 하는지를 살펴본다. 또한 대형 프로스포츠가 아닌, 지역 기반 스포츠 브랜딩 사례를 통해 현실적인 적용 가능성을 함께 다룬다.

1. 스포츠 브랜드의 의미

브랜드는 단순한 이름이나 로고가 아니다. 브랜드는 소비자의 머릿속에 형성된 이미지, 감정, 기억, 경험의 총합이다. 스포츠 산업에서 브랜드의 의미는 더욱 확장된다. 스포츠는 감정과 관계를 기반으로 하는 산업이기 때문에, 브랜드는 기능적 차별화보다 정서적 연결에서 그 힘이 나타난다.

일반 상품 브랜드가 품질과 가격을 중심으로 인식된다면, 스포츠 브랜드는 팀의 역사, 선수의 스토리, 지역의 상징성, 팬 문화와 결합하여 형성된다. 스포츠 브랜드는 곧 정체성(identity)이다. 팬은 브랜드를 소비하는 것이 아니라, 브랜드를 통해 자신을 표현한다. 특정 팀을 응원하는 것은 단순한 관람 행위가 아니라, 자신이 속한 공동체를 선언하는 행위가 된다.

스포츠 브랜드는 무형 자산이다. 경기 성적은 변동될 수 있지만, 브랜드는 장기적으로 축적된다. 오히려 성적이 좋지 않은

한국 프로야구단의 로고

시기에도 브랜드가 유지되는 팀은 충성도 높은 팬을 확보하고 있는 경우가 많다. 이는 스포츠 브랜드가 단기 성과보다 장기적 신뢰와 경험 축적에 의해 형성된다는 것을 의미한다.

1) 팀·선수·시설 브랜드 만들기

(1) 팀 브랜드 구축

팀 브랜드는 역사, 철학, 상징, 성적, 팬 문화가 결합하여 형성된다. 단순히 로고와 유니폼 디자인을 정하는 것이 브랜드 구축의 전부는 아니다. 팀이 어떤 가치를 지향하는지, 어떤 지역 정체성을 담고 있는지, 어떤 스토리를 축적해 왔는지가 핵심이다.

팀 브랜드를 구축하기 위해서는 일관성이 중요하다. 경기장 분위기, 응원 문화, 공식 SNS 콘텐츠, 선수 인터뷰 메시지 등이 동일한 방향성을 가져야 한다. 브랜드는 단발성 이벤트가 아니라 반복적 경험을 통해 형성된다.

또한 지역 연고와의 연결이 중요하다. 지역 사회와의 협력 활동, 사회공헌 프로그램, 지역 학교와의 연계는 팀을 단순한 스포츠 조직이 아니라 지역의 상징으로 자리매김하게 만든다.

(2) 선수 브랜드 구축

현대 스포츠 산업에서는 선수 개인이 하나의 브랜드가 된다. 선수는 경기력뿐 아니라 이미지, 태도, 사회적 메시지를 통해 브랜드 가치를 형성한다.

선수 브랜드는 세 가지 요소로 구성된다.

첫째, 경기 퍼포먼스다. 실력은 기본이다.

둘째, 스토리다. 성장 과정, 극복 서사, 인간적인 면모는 팬의 공감을 만든다.

셋째, 태도와 사회적 책임이다. 인터뷰 태도, 팬과의 소통, 사회적 메시지는 장기적 이미지에 영향을 준다.

선수 브랜드는 팀 브랜드와 상호작용한다. 스타플레이어는 팀 가치를 끌어올리고, 강력한 팀 브랜드는 선수를 더욱 돋보이게 만든다.

(3) 시설 브랜드 구축

스포츠 시설 또한 브랜드가 될 수 있다. 경기장, 체육관, 피트니스센터는 단순한 공간이 아니라 경험이 이루어지는 장소다.

시설 브랜드는 청결, 안전, 접근성, 디자인, 서비스 경험 등을 통해 형성된다. 예를 들어, 특정 경기장이 "열정의 공간", "가족 친화적 공간", "프리미엄 스포츠 공간"으로 인식된다면 그것은 이미 브랜드가 형성된 것이다.

시설 브랜드는 공간 디자인과 서비스 일관성, 이벤트 운영 방식, 직원 태도까지 포함하여 구축된다. 물리적 공간과 감정적 경험이 결합되어 브랜드가 완성된다.

2) 스토리텔링과 팬 경험

스포츠 브랜드의 핵심은 스토리다. 경기는 단순한 승패가 아니라 서사(narrative)를 만들어낸다. 약팀의 반전, 선수의 부상 복귀, 라이벌 구도의 역사 등은 팬의 감정을 자극하는 이야기다.

스토리텔링은 브랜드를 기억하게 만드는 장치다. 동일한 경기라도 스토리가 있는 경기는 더 오래 기억된다. 팀이 자신의 역사와 철학을 어떻게 설명하는지, 선수의 성장 과정을 어떻게 전달하는지에 따라 팬의 몰입도는 달라진다.

현대 스포츠마케팅에서 스토리텔링은 디지털 콘텐츠와 결합한다. 경기 하이라이트 영상, 선수 인터뷰, 비하인드 스토리 영상, 다큐멘터리 형식 콘텐츠는 브랜드 스토리를 확산시킨다.

그러나 스토리만으로는 충분하지 않다. 팬 경험(fan experience)이 함께 설계되어야 한다. 팬 경험은 경기장 방문, 응원 문화 참여, 굿즈 구매, 팬미팅, SNS 소통 등 모든 접점에서 형성된다.

경기장에 들어서는 순간의 음악, 응원 도구, 이벤트 진행, 선수와의 교감은 팬의 감정을 증폭시킨다. 긍정적인 팬 경험은 재방문과 충성도로 이어진다. 반대로 불편한 동선, 불친절한 응대, 혼잡한 운영은 브랜드 이미지를 약화시킨다.

팬 경험은 단기 매출보다 장기 관계 형성에 초점을 두어야 한다. 스포츠 브랜드는 팬과 함께 만들어지는 공동 창작물이다. 팬은 단순한 소비자가 아니라 브랜드 공동체의 구성원이다.

2. 지역 스포츠 브랜딩 사례

지역 스포츠 브랜딩은 특정 종목이나 팀을 넘어, 도시와 지역의 정체성을 스포츠와 결합해 형성하는 전략이다. 이는 단순히 대회를 유치하거나 팀을 운영하는 것을 의미하지 않는다. 지역 스포츠 브랜딩은 "이 도시는 어떤 스포츠 이미지를 가지고 있는가?"라는 질문에 대한 답을 만드는 과정이다.

스포츠는 지역 정체성을 강화하는 강력한 매개체다. 지역 연고 팀은 시민의 자부심이 되고, 지역 기반 스포츠 이벤트는 도시 이미지를 형성한다. 지역 스포츠 브랜딩은 경제적 효과뿐 아니라 공동체 결속을 강화하는 역할을 한다.

1) 프로스포츠 중심 지역 브랜딩 사례

많은 도시가 프로스포츠 팀을 중심으로 지역 브랜드를 구축해 왔다. 예를 들어, 한 도시의 프로야구팀이 지속적인 성과와 강력한 팬 문화를 형성하면, 해당 팀은 단순한 구단이 아니라 지역의 상징이 된다. 시민은 팀의 승리를 지역의 성취로 받아들이고, 팀 컬러와 로고는 도시 정체성의 일부가 된다.

이 경우 지역 스포츠 브랜딩은 다음과 같은 구조로 이루어진다.

첫째, 팀의 스토리를 지역 역사와 연결한다.

둘째, 지역 기업과 협력해 경제적 순환 구조를 만든다.

셋째, 지역 학교 및 청소년 프로그램과 연계해 미래 팬을 육성한다.

넷째, 경기장을 지역 축제 공간으로 확장한다.

이러한 전략은 스포츠 브랜드를 도시 브랜드로 확장시키는 역할을 한다.

2) 생활체육 중심 지역 브랜딩 사례

최근에는 엘리트 스포츠뿐 아니라 생활체육을 중심으로 지역 이미지를 구축하는 사례도 증가하고 있다. 예를 들어, 특정 도시가 "러닝 친화 도시" 또는 "해양 스포츠 도시"로 인식된다면, 이는 전략적 스포츠 브랜딩의 결과다.

마라톤 대회를 정기적으로 개최하고, 시민 러닝 프로그램을 운영하며, 관련 커뮤니티를 활성화하면 도시 이미지는 건강하고 활동적인 도시로 형성된다. 이는 관광객 유치와 스포츠 산업 활성화로 이어진다.

생활체육 기반 브랜딩의 특징은 다음과 같다.

- 시민 참여 중심 구조

- 지속 가능한 운영 모델
- 관광·문화 산업과의 결합
- SNS를 통한 이미지 확산

생활체육은 소수의 스타 선수보다 다수의 시민 참여를 통해 브랜드가 형성된다는 점에서 차별적이다.

3) 스포츠 이벤트 기반 지역 브랜딩 사례

대형 스포츠 이벤트는 단기간에 지역 브랜드를 강화하는 강력한 수단이다. 국제 대회나 전국 규모 대회를 성공적으로 개최한 도시는 "스포츠 개최 도시"라는 이미지를 확보할 수 있다.

그러나 이벤트 기반 브랜딩은 단발성 행사에 그쳐서는 효과가 제한적이다. 지속적인 시설 활용, 후속 프로그램 운영, 관광 상품 개발이 함께 이루어져야 한다.

성공적인 이벤트 브랜딩의 조건은 다음과 같다.

- 지역 특성과 연결된 콘셉트 설정
- 시민 참여 확대
- 대회 이후 시설 활용 전략
- 미디어 노출 극대화

이벤트는 브랜드를 알리는 계기일 뿐, 브랜드를 완성하는 것은 장기 전략이다.

4) 소규모 지역 스포츠 브랜드 사례

지역 스포츠 브랜딩은 반드시 대형 구단이나 국제 대회만을 의미하지 않는다. 동네 태권도장, 지역 피트니스센터, 소규모 스포츠 클럽도 지역 브랜드가 될 수 있다.

예를 들어, 특정 지역의 태권도장이 “인성 교육이 뛰어난 도장”으로 알려지면, 그것은 지역 내 브랜드가 된다. 지역 마라톤 동호회가 “초보자 환영 크루”로 인식된다면, 그것 역시 브랜드다.

이러한 소규모 브랜딩은 다음과 같은 특징을 가진다.

- 관계 중심
- 입소문 기반 확산
- 지역 커뮤니티와의 긴밀한 연결
- SNS를 통한 정체성 강화

지역 스포츠 브랜딩은 규모보다 일관성과 진정성이 중요하다.

5) 지역 스포츠 브랜딩의 핵심 전략 요소

지역 스포츠 브랜딩이 성공하기 위해서는 몇 가지 조건이 필요하다.

첫째, 지역 고유성의 반영이다. 다른 도시와 차별화되는 요소를 찾아야 한다.

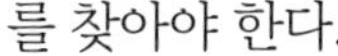

둘째, 지속성이다. 일회성 이벤트로는 브랜드가 형성되지 않는다.

셋째, 스토리 구축이다. 스포츠와 지역의 이야기를 연결해야 한다.

넷째, 시민 참여다. 브랜드는 외부 홍보가 아니라 내부 공감에서 시작된다.

정리

스포츠 콘텐츠와 브랜딩은 스포츠마케팅에서 선택이 아닌 필수 요소다. 스포츠 브랜드는 단순한 이름이나 디자인이 아니라, 사람들이 스포츠를 통해 느끼는 감정과 경험의 축적이다. 팀, 선수, 시설, 지역 스포츠 모두 브랜딩의 대상이 될 수 있으며, 스토리텔링과 팬 경험을 통해 지속 가능한 브랜드 가치를 만들어 갈 수 있다.

【현장 스토리】

LG 트윈스의 브랜딩

서울을 연고로 하는 LG 트윈스의 브랜딩을 살펴보면, 스포츠 브랜드가 어떻게 형성되고 유지되는지를 분명하게 확인할 수 있다. 이 팀은 오랜 기간 우승과는 거리가 있었지만, 그럼에도 불구하고 꾸준한 팬층을 유지해 왔다. 이는 성적 중심의 브랜드가 아니라, 정체성과 경험 중심의 브랜드를 구축해 왔기 때문이다.

LG 트윈스의 브랜드는 먼저 도시성과 일상성에서 출발한다. 잠실야구장은 서울 한복판에 위치해 있고, 야구 관람은 특별한 이벤트라기보다 퇴근 후 혹은 주말에 자연스럽게 즐기는 일상의 일부로 자리 잡았다. 이 팀의 브랜딩은 '최강의 팀'보다는 '서울의 일상 속에 있는 팀'이라는 이미지를 축적해 왔다. 이는 제7장에서 말한, 브랜드가 단순한 성과가 아니라 사람들의 기억과 감정의 축적이라는 점을 잘 보여준다.

팀 브랜딩은 콘텐츠를 통해 더욱 강화되었다. 선수 개인의 캐릭터, 더그아웃의 분위기, 팬과의 소통 장면이 꾸준히 콘텐츠로 생산되면서, 팬은 경기를 보지 않는 날에도 팀과 연결되어 있다고 느낀다. 이는 스토리텔링의 힘이다. 팀의 역사, 기다림의 시간, 아쉬운 시즌과 다시 시작되는 새로운 시즌의 서사는 팬에게 감정이입의 구조를 제공한다. 제7장에서 강조한 것처럼, 스포츠 스토리텔링은 거창한 서사가 아니라 반복되는 일상의 기록에서 만들어진다.

또한 팬 경험 관리 역시 중요한 브랜딩 요소다. 경기장 응원 문화, 유니폼 디자인, 응원가, 팬 서비스는 팀의 브랜드 톤을 형성한다. LG 트윈스의 응원 문화는 과도한 공격성보다는 가족 단위와 일반 관람객도 편안하게 참여할 수 있는 분위기를 지향해 왔다. 이는 특정 팬층만을 겨냥하기보다, 폭넓은 팬 경험을 중시하는 브랜드 전략으로 해석할 수 있다.

이 사례에서 중요한 점은, 이 팀의 브랜드가 단기간의 성적이나 광고 캠페인으로 만들어진 것이 아니라는 점이다. 팀의 태도, 팬을 대하는 방식, 콘텐츠의 톤과 메시지가 오랜 시간 일관되게 유지되면서 브랜드가 형성되었다. 이는 제7장에서 설명한 브랜딩의 핵심 요소인 일관성과 진정성이 실제 프로 스포츠 현장에서 어떻게 작동하는지를 보여준다.

프로야구 브랜딩의 본질은 '이기는 팀'이 되는 것만이 아니다. 팬이 그 팀을 왜 응원하는지, 왜 계속해서 돌아오는지를 설명할 수 있을 때 비로소 브랜드는 완성된다. 제7장의 관점에서 보면, 프로야구 팀의 브랜드는 로고나 슬로건이 아니라, 팬이 팀과 함께 보내온 시간 그 자체라고 할 수 있다.

제8장 디지털 시대의 스포츠마케팅

디지털 기술의 발전은 스포츠마케팅의 방식 자체를 변화시켰다. 과거 스포츠마케팅이 오프라인 현장과 대중매체 중심으로 이루어졌다면, 오늘날 스포츠마케팅은 디지털 플랫폼을 통해 일상 속에서 지속적으로 이루어진다. 이제 스포츠는 '보러 가는 것'이나 '참여하러 가는 것'에 그치지 않고, 스마트폰 속 콘텐츠와 커뮤니티를 통해 언제든지 경험되는 대상이 되었다.

이 장에서는 SNS, 영상 콘텐츠, 팬 커뮤니티를 중심으로 디지털 시대 스포츠마케팅의 특징을 살펴보고, 특히 소규모 스포츠 사업자가 현실적으로 활용할 수 있는 디지털 전략에 초점을 맞춘다.

1. SNS와 스포츠마케팅

SNS는 디지털 스포츠마케팅의 가장 기본적인 도구다. 스포츠 조직과 소비자가 직접 연결되는 창구이며, 홍보 수단을 넘어 관계 형성의 공간으로 기능한다. 스포츠마케팅에서 SNS의 강점은 즉각성과 친밀감에 있다. 현장의 분위기, 참여자의 반응, 진행 과정이 실시간으로 공유되며, 이는 스포츠의 생동감을 그대로 전달한다.

스포츠 분야에서 SNS 활용의 핵심은 완성도 높은 광고 이미지가 아니라, 현실적인 스포츠 장면과 사람 중심의 콘텐츠다. 훈련 장면, 수업 중 웃음, 작은 성취의 순간은 소비자에게 스포츠를 더 가깝게 느끼게 한다. 특히 참여 스포츠 산업에서는 '누가 이용하고 있는지', '어떤 분위기인지'를 보여주는 것이 강력한 설득 요소가 된다.

SNS는 단기적인 홍보보다 꾸준한 노출과 소통을 통해 브랜드 이미지를 축적하는 수단으로 활용되어야 한다.

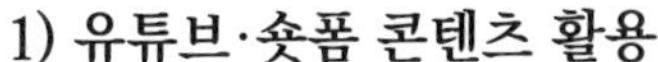

영상 콘텐츠는 스포츠의 특성과 가장 잘 맞는 디지털 매체 중 하나다. 움직임, 속도, 감정이 중요한 스포츠는 영상으로 전달될 때 그 가치가 극대화된다. 유튜브와 숏폼 콘텐츠는 스포츠마케팅에서 서로 다른 역할을 수행한다.

유튜브는 비교적 긴 호흡의 콘텐츠를 통해 전문성, 스토리, 신뢰를 전달하는 데 적합하다. 훈련 과정, 프로그램 소개, 코치의 설명, 참여자의 변화 과정을 보여주는 콘텐츠는 스포츠 브랜드에 깊이를 더한다.

숏폼 콘텐츠는 짧고 직관적인 영상으로 관심을 끄는 데 효과적이다. 짧은 운동 팁, 현장 스케치, 이벤트 하이라이트는 스포츠에 대한 진입 장벽을 낮춘다. 특히 요즘 모든 세대에게 숏폼 콘텐츠는 스포츠를 접하는 주요 창구가 되고 있다.

중요한 점은 콘텐츠의 전문성보다 지속성과 진정성이다. 완벽한 영상보다 꾸준한 기록이 스포츠마케팅에서는 더 큰 힘을 가진다.

2) 팬 커뮤니티와 참여 유도

디지털 시대의 스포츠마케팅은 일방적인 전달에서 벗어나,

참여와 상호작용을 중심으로 이루어진다. 팬 커뮤니티는 이러한 변화의 핵심이다. 커뮤니티는 단순한 정보 공유 공간이 아니라, 스포츠 브랜드가 살아 움직이는 장소다.

온라인 커뮤니티, SNS 댓글, 메신저 그룹 등은 팬과 참여자가 서로 연결되는 통로가 된다. 스포츠마케팅에서 커뮤니티의 가치는 규모보다 활동성에 있다. 소수의 참여자라도 지속적으로 소통하고, 경험을 공유한다면 강한 브랜드 충성도가 형성된다.

참여를 유도하는 방식은 거창할 필요가 없다. 질문에 답하게 하거나, 참여자의 이야기를 콘텐츠로 소개하거나, 작은 이벤트를 함께 기획하는 것만으로도 커뮤니티의 결속력은 높아진다. 스포츠마케팅에서 팬은 소비자가 아니라 함께 브랜드를 만들어 가는 존재다.

2. 소규모 스포츠 사업자를 위한 SNS 전략

소규모 스포츠 사업자에게 SNS는 “홍보 채널”을 넘어 사업 운영의 핵심 인프라에 가깝다. 대형 센터처럼 광고비를 투입하기 어렵고, 브랜드 인지도가 낮은 상태에서 고객은 대부분 SNS를 통해 “어떤 곳인지”를 먼저 확인한다. 특히 참여 스포츠(아이스스케이팅, 클라이밍, 헬스, 필라테스, 요가, 태권도, 러닝 클래

스 등)는 상품이 무형의 경험이기 때문에, 고객은 구매 전에 분위기·사람·신뢰를 보고 판단한다. SNS는 이 보이지 않는 가치를 보이게 만들고, 지속적으로 관계를 유지하며, 재등록과 소개로 이어지게 하는 가장 현실적인 도구다.

1) SNS 전략의 출발점: "광고"가 아니라 "신뢰" 설계

소규모 스포츠 사업의 SNS 목표는 '조회수'가 아니라 상담-체험-등록-유지라는 흐름을 만드는 것이다. 스포츠 서비스는 한 번 팔고 끝나는 상품이 아니라 지속 참여가 핵심이므로, SNS 또한 단기 유입보다 장기 관계 형성에 초점을 둬야 한다.

따라서 SNS 운영의 핵심 질문은 다음과 같다.

- 이 공간은 누구에게 가장 잘 맞는가?
- 이 프로그램은 무엇을 해결해 주는가?
- 이 지도자는 어떤 방식으로 사람을 돕는가?
- 처음 온 사람도 불안하지 않게 안내하고 있는가?
- 이 질문에 대한 답이 곧 SNS 콘텐츠의 방향이 된다.

2) 플랫폼 선택 전략: "다 하려 하지 말고, 하나를 제대로"

소규모 사업자는 플랫폼을 여러 개 운영하기보다, 타깃이 가장 많이 있는 채널을 1~2개로 좁히는 것이 효율적이다.

- 인스타그램: 지역 기반, 여성 타깃, 분위기·공간·루틴 콘텐츠에 강함
- 유튜브/쇼츠: 전문성·신뢰 구축, 검색 유입, 장기 자산화에 강함
- 네이버 블로그/카페: 지역 검색, 후기·정보 중심, 비교·검토 단계에서 강함
- 카카오채널/오픈채팅: 예약·공지·고객관리, 재등록·이탈 방지에 강함

예를 들어 필라테스·요가는 인스타그램 중심으로, PT나 스포츠 교육은 유튜브 쇼츠+블로그 조합이 현실적이다. 핵심은 플랫폼의 유행이 아니라 고객의 탐색 습관이다.

3) 콘텐츠 전략: "성장·신뢰·참여" 3축으로 구성

소규모 스포츠 사업자에게 필요한 콘텐츠는 크게 세 종류다.

(1) 신뢰 콘텐츠(전문성·안전·철학)

고객은 "효과 있나요?"보다 "내 몸을 맡겨도 안전한가요?"를 먼저 본다.

따라서 짧고 명확하게 신뢰를 보여줘야 한다.

- 지도 방식(초보자 지도, 통증 관리, 체력 단계별 접근)
- 안전 원칙(무리하지 않는 기준, 부상 예방)
- 운영 철학(왜 이런 프로그램을 하는지)

핵심은 어려운 이론이 아니라, 쉬운 언어로 일관되게 말하는 것이다.

(2) 성장 콘텐츠(회원 변화·루틴·기록)

스포츠 서비스는 결과가 아니라 과정이 상품이다.

"회원이 어떻게 변화했는지"가 가장 강력한 설득이 된다.

- 4주 전/후 변화(체형·통증·컨디션)
- 출석 루틴(꾸준함의 증거)
- 작은 성취(처음 성공한 동작, 기록 갱신)

단, 체형 비교는 민감할 수 있으니 동의 기반으로, 과장 없이 현실적인 변화를 보여주는 것이 중요하다.

(3) 참여 콘텐츠(질문·미션·커뮤니티)

SNS는 방송이 아니라 관계다. 참여를 유도하면 알고리즘보다 더 강한 연결이 생긴다.

- "요즘 어디가 제일 뻐근하세요?" 같은 질문
- 7일 스트레칭 미션
- 수업 후 한 줄 소감 공유

이런 참여형 콘텐츠는 신규 유입보다 기존 고객의 결속을 강화해 이탈을 줄인다.

4) 콘텐츠 포맷 운영: "반복 가능한 템플릿"이 핵심

소규모 사업자는 콘텐츠를 '매번 새로' 만들면 지친다.

따라서 주간 운영 템플릿을 만드는 것이 가장 현실적이다.

- 월: 이번 주 시간표/예약 안내(운영 콘텐츠)
- 화: 동작 1개 팁(전문성 콘텐츠)
- 수: 회원 루틴/후기(성장 콘텐츠)
- 목: 자주 묻는 질문(FAQ)
- 금: 주말 이벤트/체험 안내(전환 콘텐츠)
- 토/일: 현장 스케치(분위기 콘텐츠)

이 방식은 꾸준함을 만들어내고, 브랜드 톤을 안정적으로 유지하게 해 준다.

5) 전환 전략: "DM 상담"이 아니라 "체험까지의 경로" 설계

SNS가 잘 되어도 등록으로 이어지지 않는 가장 흔한 이유는, 고객이 행동해야 할 다음 단계가 불명확하기 때문이다. 전환을 위해서는 고객 동선을 단순화해야 한다.

- 프로필 링크: 예약/체험 신청/문의 중 하나로 통일
- 하이라이트(고정): 가격/시간표/위치/주차/체험 절차
- 고정 게시물: "처음 오시는 분 안내" 1개는 필수
- 자동 응답 문구: 체험 안내 템플릿(시간, 준비물, 비용)

특히 초보자는 "문의하는 것 자체가 부담"이기 때문에, "어떻게 시작하면 되는지"를 미리 보여주는 것이 전환율을 크게 높인다.

6) 후기 전략: 소규모 사업자의 가장 강한 무기

대형 브랜드는 광고로 신뢰를 사지만, 소규모는 후기로 신뢰를 만든다. 후기는 '좋았다'보다 구체적 변화와 상황이 포함될수록 강력해진다.

- "허리가 편해졌다"보다는 "앉아 있을 때 통증이 줄었다"
- "좋은 수업"보다 "초보인데도 부담 없이 따라갈 수 있었다"

후기는 인스타그램 피드/스토리뿐 아니라, 네이버 플레이스 리뷰와 연계하면 지역 검색에서 효과가 커진다.

7) 고객 유지(리텐션) 전략: SNS는 '회원 관리 도구'다

소규모 스포츠 사업의 수익은 신규보다 재등록에서 나온다.

SNS는 신규 유입 도구이기도 하지만, 더 중요한 기능은 회원 유지다.

- 출석 칭찬/인증 문화 만들기
- 생일·기념일 메시지
- 휴강 공지의 신뢰성(빠르고 정확하게)
- 소규모 이벤트(월 1회 챌린지)

고객은 콘텐츠보다 관계 경험 때문에 남는다. SNS는 그 관계를 '보이는 형태'로 유지하는 장치다.

8) 측정과 개선: 소규모 사업자가 봐야 할 지표는 3개

대시보드가 복잡할 필요는 없다. 현실적으로는 다음 세 가지면 충분하다.

- 프로필 방문 대비 문의율(관심 → 행동)
- 체험 신청 대비 등록율(전환 품질)
- 재등록율/이탈율(서비스 만족도)

조회수는 높아도 등록이 안 되면 콘텐츠 방향이 틀린 것이다. 반대로 조회수는 낮아도 문의와 체험이 꾸준하면 전략은 성공이다.

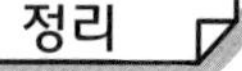

디지털 시대의 스포츠마케팅은 기술의 문제가 아니라 관점의 문제다. SNS와 영상 콘텐츠는 스포츠를 더 가까이 전달하는 도구이며, 팬 커뮤니티는 브랜드를 지속시키는 기반이다. 특히 소규모 스포츠 사업자에게 디지털 마케팅은 비용을 줄이면서도 관계를 확장할 수 있는 가장 현실적인 전략이다. 스포츠마케팅은 이제 현장과 디지털을 함께 설계하는 시대에 들어섰다.

【현장 스토리】

필라테스 숍의 SNS 마케팅

제8장에서 다룬 디지털 시대의 스포츠마케팅은 대형 스포츠 조직이나 유명 브랜드뿐 아니라, 아주 작은 생활체육 현장에서도 가장 현실적으로 작동한다. 이를 잘 보여주는 사례가 주거 지역에서 필라테스 숍을 운영하는 한 여성 운영자 이재윤 씨의 이야기다.

그녀는 전남 순천 도시권 외곽의 아파트 단지 인근에서 1인 운영 형태의 필라테스 숍을 열었다. 시설은 크지 않았고, 최신 장비를 모두 갖춘 것도 아니었다. 초기에는 전단지 배포와 지인 소개에 의존했지만, 몇 달이 지나자 신규 회원 유입이 줄고 예약이 들쑥날쑥해졌다. 광고를 해야 할 것 같다는 막연한 생각은 들었지만, 대형 센터처럼 비용을 들일 여유는 없었다. 이때 그녀가 선택한 전략이 바로 디지털 환경을 활용한 관계 중심 스포츠마케팅이었다.

그녀는 먼저 SNS를 '홍보 채널'이 아니라 일상의 기록 공간으로 바라보기 시작했다. 완벽한 사진이나 전문적인 영상 대신, 수업이 끝난 뒤 정리된 매트, 햇살이 들어오는 스튜디오 풍경, 하루 수업을 마친 후의 소소한 소감을 짧은 글과 함께 올렸다. 필라테스 동작을 과시하기보다는, “오늘 어깨가 많이 굳어 있던 회원이 이런 반응을 보였다”와 같은 현장 이야기를 공유했다. 이는 제8장에서 강조한 것처럼, 디지털 콘텐츠의 핵심이 기술이나 편집이 아니라 현실성과 진정성이라는 점을 그대로 보여주는 사례였다.

영상 콘텐츠 역시 마찬가지였다. 그녀는 유튜브처럼 긴 영상을 제작하기보다는, 짧은 숏폼 형태로 호흡법이나 스트레칭 팁을 공유했다. 이 영상들은 ‘운동을 잘하는 사람’을 보여주기보다는, “이 정도는 나도 할 수 있겠다”는 인상을 주는 데 초점을 맞췄다. 그 결과, 팔로워 중 상당수가 기존 회원이거나, 필라테스를 망설이던 잠재 고객이었다. 디지털 콘텐츠는 새로운 고객을 끌어오는 동시에, 기존 회원과의 관계를 유지하는 역할을 함께 수행했다.

가장 큰 변화는 팬 커뮤니티의 형성이었다. 그녀는 회원 전용 소규모 메시지 채널을 운영하며, 공지사항뿐 아니라 간단한 컨디션 체크와 생활 속 움직임 팁을 공유했다. 회원들은 점점 질문을 남기기 시작했고, 자신의 몸 상태나 변화에 대해 이야기했다. 이 공간은 더 이상 정보 전달 채널이 아니라, 함께 운동을 지속하는 커뮤니티가 되었다. 제8장에서 말한 것처럼, 디지털 시대의 스포츠마케팅에서 팬은 소비자가 아니라 함께 브랜드를 만들어 가는 존재가 된 것이다.

이 필라테스 숍의 디지털 전략은 화려하지 않았지만 분명한 효과를 냈다. 검색 광고를 하지 않았음에도 불구하고 “SNS를 보고 분위기가 좋아 보여서 왔다"는 신규 회원이 늘어났고, 기존 회원의 재등록률도 높아졌다. 무엇보다 회원들은 이 공간을 '운동하는 곳'이 아니라, '몸과 일상을 관리해 주는 사람과 연결된 공간'으로 인식하게 되었다.

이 사례는 제8장의 핵심 메시지를 잘 보여준다. 디지털 시대의 스포츠마케팅은 더 많은 사람에게 보이기 위한 기술 경쟁이 아니라, 더 깊이 연결되기 위한 관계 설계다. 필라테스 숍을 운영하는 이 여성에게 디지털 마케팅은 비용을 들여 무언가를 홍보하는 수단이 아니라, 자신의 철학과 일상을 자연스럽게 공유하며 신뢰를 쌓는 과정이었다. 그리고 그 신뢰가 곧 브랜드가 되었고, 작은 스포츠 비즈니스를 지속 가능하게 만드는 힘이 되었다.

제4부

스포츠마케팅의 현장 적용

제9장 스포츠 이벤트와 현장 마케팅

스포츠 이벤트는 스포츠마케팅이 가장 직접적으로 작동하는 순간이다. 프로그램이나 브랜드가 아무리 잘 기획되어 있어도, 참가자가 실제 현장에서 느끼는 경험이 부정적이라면 마케팅의 효과는 오래 지속되지 않는다. 반대로 규모가 크지 않은 이벤트라도 현장 경험이 긍정적이라면, 참가자의 기억 속에 강하게 남아 이후 재참여와 구전으로 이어진다.

이 장에서는 스포츠 이벤트의 유형을 살펴보고, 대회와 행사를 기획할 때 필요한 기본 구조, 참가자 중심 마케팅의 중요성,

그리고 현장 운영과 만족도 관리의 핵심 요소를 다룬다.

1. 스포츠 이벤트의 유형

스포츠 이벤트는 단순히 경기를 개최하는 행위를 의미하지 않는다. 일정한 시간과 장소에서 스포츠 활동을 중심으로 사람들이 모이고, 참여하고, 관람하며, 경험을 공유하는 모든 조직화된 활동을 포함한다. 스포츠 이벤트는 산업적 가치와 사회적 의미를 동시에 가지며, 규모와 목적, 참여 방식에 따라 다양한 유형으로 구분할 수 있다. 이벤트의 유형을 이해하는 것은 마케팅 전략 수립과 운영 방향 설정에 필수적이다.

1) 경쟁 중심 스포츠 이벤트

가장 전통적인 형태의 스포츠 이벤트는 경쟁 중심 대회다. 프로 리그 경기, 전국 규모 선수권 대회, 국제 스포츠 대회 등이 이에 해당한다. 이 유형은 명확한 승패 구조와 규칙을 기반으로 하며, 경기력과 기록이 중심이 된다.

경쟁 중심 이벤트는 관람 스포츠 산업과 밀접하게 연결된다. 중계권, 스폰서십, 입장권 판매, 광고 수익이 주요 수익원이다. 또한 선수와 팀의 브랜드 가치가 행사 성과에 직접적인 영향을 미친다. 대규모 대회일수록 지역 경제 파급 효과도 크다. 이 유형의 핵심 성공 요인은 경기 수준과 공정성, 운영의 전문성, 미디어 노출이다. 팬은 수준 높은 경기와 긴장감 있는 스토리를 기대한다.

2) 참여 중심 스포츠 이벤트

참여 중심 스포츠 이벤트는 일반 시민이 직접 참가하는 형태다. 마라톤 대회, 시민 체육대회, 걷기 대회, 러닝 페스티벌 등이 대표적이다. 이 유형은 기록 경쟁보다 참여 경험과 완주 성취에 초점을 둔다. 참여 중심 이벤트의 특징은 참가자가 곧 콘텐츠라는 점이다. 참가자는 단순한 소비자가 아니라 이벤트의 주체가 된다. 이 유형은 지역 커뮤니티 형성과 건강 증진, 도시 이미지 개선에 효과적이다.

수익 구조는 참가비, 협찬, 지역 연계 마케팅을 중심으로 형성된다. 무엇보다 참가자의 만족도가 재참여와 입소문 확산에 큰 영향을 미친다.

3) 축제형 스포츠 이벤트

축제형 스포츠 이벤트는 스포츠와 문화·공연·체험 활동을 결합한 형태다. 예를 들어 해양 스포츠 축제, 스포츠 박람회, 지역 스포츠 문화 행사 등이 있다.

이 유형은 경기 자체보다 분위기와 체험, 가족 참여 요소가 중요하다. 지역 관광 산업과 결합되는 경우가 많으며, 도시 브랜딩 수단으로 활용된다.

성공적인 축제형 이벤트는 스포츠 체험 부스, 지역 특산물 판매, 공연 프로그램 등을 함께 구성하여 종합 문화 행사로 확장된다.

4) 기업·조직 내부 스포츠 이벤트

기업 체육대회, 학교 스포츠데이, 기관 내부 리그 등은 조직 결속과 내부 커뮤니케이션을 목적으로 한다. 이 유형은 외부 홍보보다 내부 구성원의 참여와 만족이 중요하다.

조직 문화 강화와 팀워크 향상이 주요 목표이며, 마케팅적 측면에서는 기업 이미지 제고와 연계될 수 있다. 최근에는 ESG 경영과 결합해 사회공헌 스포츠 이벤트로 확장되는 사례도 있다.

5) 프로모션·마케팅형 스포츠 이벤트

특정 브랜드나 제품 홍보를 위해 기획되는 이벤트도 있다. 스포츠 브랜드 체험 행사, 신제품 출시 기념 스포츠 챌린지, 팬미팅

이벤트 등이 이에 해당한다.

이 유형은 스포츠 자체보다 브랜드 메시지 전달이 목적이다. 체험 마케팅과 결합해 소비자가 직접 제품을 경험하도록 설계한다. 디지털 콘텐츠 생산과 SNS 확산이 중요한 요소로 작용한다.

6) 국제·메가 스포츠 이벤트

올림픽, 월드컵과 같은 메가 이벤트는 국가 브랜드와 직결되는 대형 행사다. 막대한 예산과 장기간 준비가 필요하며, 경제적·외교적 의미를 동시에 가진다.

이 유형은 단기적 경제 효과뿐 아니라 국가 이미지와 도시 인프라 개선에 영향을 미친다. 그러나 비용 대비 효과에 대한 논의도 지속되고 있다.

2. 대회·행사 기획의 기본 구조

스포츠 대회나 행사는 단순히 날짜와 장소를 정하고 참가자를 모집하는 것으로 완성되지 않는다. 성공적인 스포츠 이벤트는 목표 설정 → 기획 설계 → 실행 준비 → 현장 운영 → 사후 평가라는 구조적 과정을 거친다. 이 과정을 체계적으로 이해하는 것이 대회·행사 기획의 출발점이다.

1) 목적과 목표 설정

모든 스포츠 이벤트는 명확한 목적에서 시작해야 한다.

"왜 이 행사를 하는가?"라는 질문에 대한 답이 없다면, 규모와 형식만 갖춘 형식적 행사가 되기 쉽다.

목적은 크게 다음과 같이 구분할 수 있다.

- 지역 홍보 및 도시 브랜드 강화
- 스포츠 참여 확대 및 생활체육 활성화
- 수익 창출
- 기업 마케팅 및 이미지 제고
- 조직 내부 결속 강화

목적이 정해지면 구체적인 목표를 설정해야 한다. 예를 들어 "참가자 1,000명 유치", "재참여율 50% 이상", "SNS 노출 10만 회 달성"과 같이 측정 가능한 목표가 필요하다. 목적과 목표가 명확할수록 이후 전략이 구체화된다.

2) 타깃 설정과 콘셉트 기획

다음 단계는 누가 이 행사에 참여해야 하는지를 정하는 것이

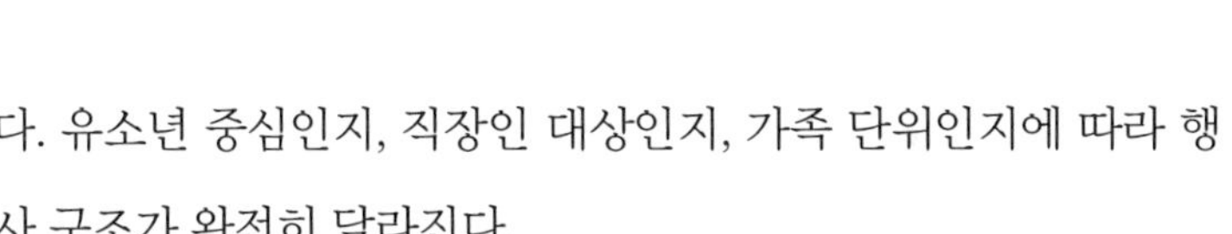

다. 유소년 중심인지, 직장인 대상인지, 가족 단위인지에 따라 행사 구조가 완전히 달라진다.

타깃이 정해지면 행사 콘셉트를 설정한다. 콘셉트는 행사의 방향성과 정체성을 규정한다. 예를 들어 "초보자 환영 러닝 페스티벌", "지역 청소년 스포츠 한마당", "해양 스포츠 체험 축제"처럼 명확한 메시지가 있어야 한다.

콘셉트는 홍보 문구뿐 아니라 코스 구성, 프로그램 내용, 기념품, 운영 방식까지 영향을 미친다.

3) 프로그램 설계

행사의 핵심은 프로그램이다. 경기 종목, 일정, 세부 운영 방안, 참여 방식 등을 구체적으로 설계해야 한다.

이 단계에서 고려해야 할 요소는 다음과 같다.

- 참가자 수준별 코스 분리
- 안전 관리 계획
- 경기 규정과 심판 체계
- 시간 운영 계획
- 우천 및 비상 상황 대응 계획

프로그램은 참가자의 경험을 기준으로 설계되어야 한다. 동선이 복잡하거나 대기 시간이 길면 만족도가 크게 떨어질 수 있다.

4) 예산 수립과 수익 구조 설계

대회·행사는 재정 구조가 명확해야 한다.

수입 항목과 지출 항목을 구체적으로 구분해야 한다.

수입 항목

- 참가비
- 스폰서십
- 지자체 지원금
- 굿즈 판매
- 협찬 물품

지출 항목

- 장소 대관비
- 장비 및 시설 설치 비용
- 인건비
- 홍보비
- 보험 및 안전 관리 비용

예산은 보수적으로 계획해야 하며, 예기치 못한 상황에 대비한 예비비 확보가 필요하다.

5) 조직 구성과 역할 분담

대회·행사는 혼자 기획할 수 없다.

운영 조직을 구성하고 명확한 역할 분담이 필요하다.

- 총괄 책임자
- 경기 운영 팀
- 홍보·마케팅 팀
- 안전 관리 팀
- 참가자 관리 팀
- 자원봉사 관리 팀

각 팀의 역할과 보고 체계를 명확히 해야 현장 혼란을 줄일 수 있다.

6) 홍보 및 참가자 모집 전략

홍보 전략은 행사 유형에 따라 달라진다. 참여형 이벤트는 지역 커뮤니티와 SNS 홍보가 효과적이며, 경쟁형 대회는 전문 커뮤니티와 종목 협회 네트워크 활용이 중요하다.

홍보는 단순히 정보를 전달하는 것이 아니라, “왜 이 행사에 참여해야 하는지”를 설득하는 과정이다. 참가자의 기대감을 높이고, 불안을 줄여주는 정보 제공이 핵심이다.

7) 현장 운영과 위기 대응

행사 당일의 운영은 기획의 완성 단계다.

현장에서는 계획대로만 흘러가지 않는다. 날씨 변화, 참가자 지연, 장비 문제 등 다양한 변수에 대응해야 한다.

운영의 핵심 요소는 다음과 같다.

- 참가자 동선 관리
- 안전 통제 및 응급 대응
- 안내 및 커뮤니케이션
- 시간 관리
- 현장 분위기 조성

현장 운영의 질이 참가자 만족도를 결정한다.

8) 사후 평가와 피드백

행사가 끝났다고 기획이 끝나는 것은 아니다.

사후 평가를 통해 개선점을 도출해야 다음 행사의 경쟁력이 높아진다.

- 참가자 만족도 조사
- 운영 문제 분석
- 수익 구조 점검

- 재참여 의사 확인

특히 재참여율은 행사 성공을 판단하는 중요한 지표다.

3. 참가자 중심 마케팅

스포츠 이벤트와 참여형 스포츠 산업에서 가장 중요한 전환은 "행사를 어떻게 운영할 것인가"가 아니라 "참가자는 무엇을 경험하게 될 것인가"라는 질문에서 출발한다. 과거의 이벤트 기획이 주최자 중심이었다면, 현대 스포츠마케팅은 참가자 중심 사고로 이동하고 있다. 참가자 중심 마케팅은 단순히 참가자를 많이 모으는 전략이 아니라, 참가자의 기대·감정·행동 흐름을 기준으로 행사를 설계하는 방식이다.

1) 참가자를 '고객'이 아닌 '경험의 주체'로 보기

참가자는 단순히 참가비를 지불한 사람이 아니다. 이벤트의 분위기와 성공을 만들어 내는 핵심 주체다. 특히 마라톤, 트레킹, 시민 체육대회, 러닝 페스티벌과 같은 참여형 이벤트에서는 참가자가 곧 콘텐츠가 된다. 이들은 경기를 소비하는 사람이 아니라, 직접 이야기의 일부가 된다.

따라서 참가자 중심 마케팅은 다음 질문에서 시작된다.

- 참가자는 왜 이 행사에 참여하려 하는가?
- 참가자는 어떤 감정을 기대하는가?
- 행사 후 무엇을 기억하게 될 것인가?

이 질문에 대한 답이 마케팅 메시지와 운영 구조를 결정한다.

2) 참가자 여정(Journey) 설계

참가자 중심 마케팅의 핵심은 '참가자 여정'을 이해하는 것이다. 참가자의 경험은 행사 당일에만 이루어지지 않는다. 보통 다음과 같은 단계로 진행된다.

- 인지 단계 - 행사 정보를 처음 접함
- 관심 단계 - 일정, 참가비, 장소를 확인
- 결정 단계 - 신청 여부 판단
- 준비 단계 - 연습, 정보 탐색
- 현장 경험 단계 - 실제 참여

사후 단계 - 사진 공유, 후기 작성, 재참여 결정

참가자 중심 마케팅은 이 전 과정을 하나의 흐름으로 보고 설계한다. 예를 들어 신청 절차가 복잡하면 관심 단계에서 이탈이 발생한다. 준비 단계에서 유용한 정보가 부족하면 기대감이 낮아진다. 사후 관리가 없으면 재참여율이 떨어진다.

3) 기대 관리와 심리 설계

참가자는 항상 일정한 기대를 가지고 행사에 참여한다. 기록 단축을 목표로 하는 참가자와, 완주 자체가 목표인 참가자는 요구가 다르다. 가족 단위 참가자는 안전과 편의를, 엘리트 참가자는 경기 수준과 공정성을 중요하게 여긴다.

참가자 중심 마케팅은 기대를 정확히 설정하고 관리하는 전략이다. 과장된 홍보는 단기 모집에는 도움이 될 수 있지만, 만족도를 떨어뜨린다. 반대로 명확한 안내와 솔직한 정보 제공은 신뢰를 형성한다. 또한 참가자는 불안 요소를 가지고 있다. 초보자는 체력 부족을 걱정하고, 대규모 행사에서는 혼잡과 안전을 우려한다. 사전 안내 영상, 코스 설명, FAQ 제공은 이러한 불안을 줄이는 중요한 마케팅 활동이다.

4) 현장 경험의 설계

현장은 참가자 중심 마케팅이 가장 직접적으로 드러나는 공간이다. 동선이 복잡하거나 안내가 부족하면 전체 경험이 부정적으로 기억된다. 반대로 작은 배려가 강한 인상을 남긴다.

- 명확한 표지판과 안내 요원 배치
- 대기 시간 최소화

- 출발 전 분위기 조성(음악·사회자 진행)
- 완주 후 포토존 및 인증 공간 마련
- 물·간식 등 기본 편의 제공

이러한 요소는 단순한 운영 문제가 아니라, 참가자의 감정을 설계하는 마케팅 전략이다.

5) 커뮤니티와 관계 형성

참가자 중심 마케팅은 단발성 참여에서 끝나지 않는다. 참가자를 커뮤니티의 구성원으로 전환시키는 것이 목표다.

이를 위해 행사 전후 SNS 그룹 운영, 참가자 사진 공유, 감사 메시지 발송, 기록 인증 이벤트 등을 활용할 수 있다. 이러한 활동은 "나는 이 행사에 참여했다"는 경험을 "나는 이 공동체의 일원이다"라는 정체성으로 확장시킨다.

커뮤니티가 형성되면 재참여율이 높아지고, 자연스러운 입소문 마케팅이 이루어진다.

6) 재참여 전략과 충성도 관리

참가자 중심 마케팅의 최종 목표는 재참여다. 새로운 참가자를 매번 모집하는 것보다, 기존 참가자가 다시 돌아오는 구조가 훨씬 안정적이다.

재참여를 높이기 위해서는 다음 요소가 중요하다.

- 사후 만족도 조사 및 피드백 반영
- 다음 행사 일정의 조기 공지
- 재참여 할인 혜택
- 참가자 스토리 소개

참가자는 자신의 의견이 반영되었다고 느낄 때 충성도가 높아진다.

7) 데이터 기반 참가자 이해

최근에는 참가자 데이터를 분석해 보다 정밀한 마케팅이 가능해졌다. 참가 연령, 지역, 재참여율, 신청 시기 등을 분석하면 타깃을 구체화할 수 있다. 예를 들어 조기 신청자가 많다면 얼리버드 전략을 강화할 수 있고, 특정 연령층이 집중된다면 홍보 메시지를 조정할 수 있다.

데이터는 참가자를 숫자로만 보는 것이 아니라, 참가자의 행동 패턴을 이해하는 도구다.

4. 현장 운영과 만족도 관리

현장 운영은 스포츠 이벤트의 성패를 좌우하는 핵심 요소다. 아무리 잘 기획된 행사라도 현장 대응이 미흡하면 참가자의 만족도는 급격히 떨어진다. 특히 스포츠 이벤트는 안전과 직결되기 때문에, 운영의 안정성과 대응 능력이 매우 중요하다.

현장에서는 진행 요원과 참가자 간의 소통이 원활해야 하며, 돌발 상황에 대한 기본적인 대응 체계가 마련되어 있어야 한다. 작은 불편이나 혼란도 참가자에게는 이벤트 전체를 평가하는 기준이 될 수 있다.

만족도 관리는 이벤트 종료 이후까지 이어진다. 간단한 만족도 조사, 감사 메시지, 사진 공유는 참가자에게 긍정적인 마무리 경험을 제공한다. 스포츠마케팅에서는 이러한 사후 관리가 다음 이벤트의 출발점이 된다.

정리

스포츠 이벤트는 스포츠마케팅이 가장 현실적으로 드러나는 현장이다. 이벤트의 목적에 맞는 유형 선택, 체계적인 기획 구조, 참가자 중

심의 마케팅, 안정적인 현장 운영과 만족도 관리는 모두 서로 연결된 요소다. 스포츠마케터는 이벤트를 '한 번의 행사'가 아니라, 브랜드 경험을 만드는 과정으로 바라봐야 한다. 이러한 관점에서 스포츠 이벤트는 마케팅 전략의 중요한 실행 수단이 된다.

【현장 스토리】

부산광역시의 참여형 스포츠 이벤트

제9장에서 다룬 스포츠 이벤트와 현장 마케팅은 지자체가 가장 직접적으로 체감할 수 있는 스포츠마케팅 영역이다. 지자체 스포츠 이벤트는 단순한 행정 사업이나 일회성 축제가 아니라, 지역 이미지를 만들고 주민과의 관계를 형성하는 현장 마케팅의 핵심 수단으로 기능한다. 이를 잘 보여주는 사례가 한 광역 지자체가 운영한 시민 참여형 스포츠 이벤트다.

부산광역시는 해양과 도시 이미지를 동시에 가진 지역 특성을 살려, 대규모 엘리트 대회보다 생활체육 중심의 시민 스포츠 행사를 기획했다. 이 행사의 목적은 기록 경쟁이나 관람 유도가 아니라, "시민이 직접 참여하는 스포츠 경험을 통해 도시를 새롭게 인식하게 만드는 것"이었다. 즉, 이벤트 자체가 지역 브랜딩과 현장 마케팅의 수단으로 설계되었다.

이 스포츠 이벤트는 유형 면에서 전통적인 대회가 아닌 체험·참여형 스포츠 이벤트에 가까웠다. 러닝, 걷기, 해양 스포츠 체험, 가족 단위 놀이형 프로그램이 함께 구성되었고, 전문 선수보다 일반 시민을 주인공으로 설정했다. 이는 제9장에서 말한 것처럼, 이벤트의 규모보다 목적과 대상에 맞는 유형 선택이 중요하다는 점을 보여준다.

행사 기획 과정에서 지자체는 단순히 장소와 일정을 정하는 데 그치지 않았다. 기획 단계에서부터 “누가 이 행사에 와야 하는가”, “이들이 어떤 경험을 하고 돌아가야 하는가”를 기준으로 구조를 설계했다. 참가 신청은 복잡한 행정 절차 대신 간단한 온라인 접수 방식으로 이루어졌고, 행사 당일의 동선 역시 참가자가 길을 헤매지 않도록 직관적으로 구성되었다. 이는 스포츠 이벤트 기획의 기본 구조가 행정 편의가 아니라 참가자 경험 중심이어야 함을 잘 보여준다.

현장에서 특히 강조된 부분은 참가자 중심 마케팅이었다. 참가자는 단순한 인원이 아니라, 이벤트의 분위기와 성공을 만들어 내는 주체로 인식되었다. 현장 스태프는 안내 요원이 아니라 ‘도시를 소개하는 사람’에 가까운 역할을 수행했고, 참가자에게는 기록 경쟁 대신 참여 인증, 사진 촬영, 소소한 기념품을 통해 “이 도시에 참여했다”는 경험을 제공했다. 이는 제9장에서 말한, 참가자가 자신의 참여를 의미 있게 느끼도록 설계하는 현장 마케팅의 전형적인 모습이다.

현장 운영과 만족도 관리 역시 중요한 요소였다. 지자체는 안전 관리와 응급 대응 체계를 명확히 구축하는 동시에, 작은 불편 사항에도 즉각 대응할 수 있도록 현장 소통 창구를 마련했다. 행사 종료 후에는 단순한 보고서 작성에 그치지 않고, 참가자 만족도 조사와 감사 메시지 발송, 사진 공유를 통해 경험을 마무리했다. 이 사후 관리는 이벤트를 일회성으로 끝내지 않고, 다음 참여로 이어지는 관계의 출발점이 되었다.

이 지자체 스포츠 이벤트의 성과는 참가자 수의 증가보다 다른 지점에서 확인되었다. 참가자 다수가 "운동을 하러 왔다기보다 도시를 새롭게 경험했다"고 응답했고, 이후 다른 생활체육 프로그램이나 지역 행사로의 참여가 이어졌다. 이는 스포츠 이벤트가 단발성 행사가 아니라, 지역과 시민을 연결하는 현장 마케팅 플랫폼으로 작동했음을 의미한다.

이 사례는 제9장의 핵심 메시지를 분명하게 보여준다. 스포츠 이벤트는 '행사 운영'의 문제가 아니라, 경험 설계와 관계 형성의 문제다. 지자체가 스포츠 이벤트를 어떻게 기획하고 운영하느냐에 따라, 그 이벤트는 예산 소모성 행사가 될 수도 있고, 지역 브랜드와 시민 참여를 동시에 강화하는 전략적 마케팅 도구가 될 수도 있다. 스포츠 이벤트와 현장 마케팅은 지자체 스포츠정책의 가장 현실적인 접점이자, 스포츠마케팅이 현장에서 살아 움직이는 대표적인 사례라 할 수 있다.

제10장
스포츠 창업과 실무 적용

스포츠마케팅은 현장에서 비로소 그 가치가 드러난다. 특히 스포츠 창업은 마케팅 전략이 곧 생존 전략이 되는 영역이다. 스포츠 산업은 진입 장벽이 낮아 보이지만, 실제로는 지속 운영이 쉽지 않은 분야다. 이 장에서는 스포츠 창업의 유형을 살펴보고, 스포츠센터와 클럽 운영에서 마케팅이 어떻게 작동하는지, 소자본 스포츠 비즈니스 사례와 실패 사례를 통해 실무적 교훈을 정리한다.

1. 스포츠 창업의 유형

스포츠 창업은 단순히 체육관을 여는 일을 의미하지 않는다. 스포츠 활동이 이루어지도록 경험을 설계하고, 서비스를 운영하며, 가치를 전달하는 모든 비즈니스가 스포츠 창업에 포함된다. 특히 최근 스포츠 산업은 생활체육 확대, 디지털 전환, 지역 기반 커뮤니티 성장에 따라 창업의 형태가 다양해지고 있다. 따라서 스포츠 창업을 준비할 때는 "무엇을 하고 싶은가"보다 먼저 "어떤 유형의 스포츠 비즈니스 모델이 가능한가"를 구조적으로 이해해야 한다.

스포츠 창업 유형은 크게 시설 기반형, 프로그램·지도 기반형, 이벤트·커뮤니티 기반형, 용품·브랜드 기반형, 디지털·콘텐츠 기반형, B2B·공공 연계형으로 구분할 수 있다. 각 유형은 필요한 자본, 수익 구조, 경쟁 방식, 성공 요인이 다르다.

1) 시설 기반형 창업

시설 기반형 창업은 가장 전형적인 스포츠 창업 형태로, 공간을 확보하고 그 공간에서 스포츠 서비스를 제공하는 모델이다. 헬스장, 필라테스 스튜디오, 태권도장, 실내골프연습장, 클라이밍짐, 복싱짐 등이 대표적이다.

이 유형의 강점은 서비스를 표준화하기 쉽고, 지역 수요가 안정적이면 장기 운영이 가능하다는 점이다. 그러나 초기 투자비와 고정비가 크다. 임대료, 인테리어, 장비 구입, 유지비, 인건비가 지속적으로 발생하므로, 일정 수준의 회원 수가 확보되지 않으면 리스크가 빠르게 커진다.

시설 기반형은 마케팅에서 '유입'보다 '유지'가 중요하다. 신규 회원을 끌어오는 것만으로는 안정적 운영이 어렵고, 재등록률과 만족도 관리가 수익성을 좌우한다. 또한 지역 경쟁이 치열한 경우가 많아 가격 경쟁에 휘말리기 쉬우므로, 프로그램 차별화와 지도자 브랜드가 핵심 경쟁력이다.

2) 프로그램·지도 기반형 창업

프로그램·지도 기반형 창업은 공간보다 전문성, 코칭, 프로그램 자체로 수익을 만드는 모델이다. 대표적으로 퍼스널 트레이닝, 그룹 트레이닝, 운동 처방 서비스, 재활 운동 프로그램, 시니어 건강 운동, 체력 측정 및 코칭 등이 이에 해당한다.

이 유형의 장점은 고정비 부담이 상대적으로 낮고, '사람의 역량'이 곧 자산이 된다는 점이다. 대형 시설을 갖추지 않더라도 공공 체육시설, 야외 공간, 제휴 공간을 활용해 운영할 수 있다. 초기 자본이 적은 체육 전공자에게 현실적인 창업 형태로 평가된다.

다만 개인 역량 의존도가 높기 때문에, 지도자가 곧 브랜드가 되고, 운영 시간이 곧 매출이 되는 구조적 한계를 가진다. 이를 극복하기 위해서는 프로그램을 패키지화하거나, 수업 운영의 표준화를 통해 확장 가능한 구조를 만들어야 한다.

3) 이벤트·커뮤니티 기반형 창업

이벤트·커뮤니티 기반형 창업은 스포츠 활동을 매개로 사람들을 모으고, 참여 경험을 설계하여 수익을 만드는 모델이다. 러닝 크루 운영, 트레킹 프로그램, 지역 스포츠 대회 기획, 스포츠 캠프, 원데이 클래스, 체험형 스포츠 페스티벌 등이 포함된다.

이 유형은 특히 지역 기반 시장에서 강점을 가진다. 스포츠는 혼자 하는 운동보다 함께 할 때 지속성이 높아지며, 커뮤니티가 형성되면 재참여와 입소문이 자연스럽게 발생한다. 반면 수익 구조가 불안정해지기 쉬운 단점도 있다. 이벤트는 계절성과 일정 의존성이 크며, 운영자의 기획 역량과 현장 운영 능력이 요구된다.

커뮤니티 기반 창업은 "광고"보다 "관계"가 중요하다. 참가자 만족도와 후기, 참여 경험의 질이 곧 마케팅이 된다. 또한 안전 관리와 운영 프로세스가 부족하면 신뢰가 크게 훼손될 수 있다.

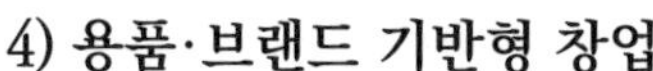

4) 용품·브랜드 기반형 창업

용품·브랜드 기반형 창업은 스포츠웨어, 장비, 소도구, 건강 보조 제품 등을 기획·제작하거나 유통하는 모델이다. 최근에는 니치 시장(러닝 특화 양말, 여성 스포츠웨어, 팀 커스텀 유니폼 등)을 공략하는 소규모 브랜드 창업이 늘고 있다.

이 유형은 물리적 제품이 존재하므로 확장성이 크지만, 재고·물류·제조·품질 관리 등 운영 복잡성이 높다. 단순히 제품을 만드는 것만으로는 성공하기 어렵고, 브랜드 스토리와 타깃 시장 설정, 온라인 유통 전략이 핵심이 된다. 특히 스포츠 소비자는 기능만큼이나 브랜드 이미지와 커뮤니티 정체성에 반응하므로, 브랜딩 역량이 중요하다.

5) 디지털·콘텐츠 기반형 창업

디지털·콘텐츠 기반형 창업은 온라인 환경에서 스포츠 경험을 제공하거나, 디지털 콘텐츠를 통해 수익을 창출하는 모델이다. 온라인 PT, 구독형 운동 프로그램, 유튜브·숏폼 기반 운동 콘텐츠, 운동 앱, 데이터 기반 코칭 서비스 등이 대표적이다.

이 유형은 공간 제약이 적고 확장성이 높다는 장점이 있다. 콘텐츠는 한 번 제작하면 반복적으로 활용될 수 있어 운영 효율성이 높다. 그러나 초기에는 수익화가 어렵고, 콘텐츠 품질과 지속성이 요구된다. 또한 콘텐츠 시장 경쟁이 치열하므로, "누구를 위한 콘텐츠인가"가 명확해야 한다.

디지털 기반 창업은 전통적 스포츠 지도 방식과 달리, 마케팅과 콘텐츠 기획 능력이 사업의 핵심 역량이 된다.

6) B2B·공공 연계형 창업

B2B·공공 연계형 창업은 개인 소비자가 아니라 기업, 학교, 공공기관을 고객으로 하는 모델이다. 기업 건강 프로그램 운영, 학교 스포츠클럽 위탁 운영, 지자체 생활체육 프로그램 강사 파견, 공공 체력 측정 서비스 등이 포함된다.

이 유형은 계약 기반으로 운영되기 때문에 매출 변동성이 낮고 안정성이 상대적으로 높다. 다만 행정 절차와 제안서 작성, 계약 관리 등 비즈니스 역량이 필요하며, 공공기관과의 협력에서는 기준과 규정 준수 능력이 중요하다.

2. 실패 사례로 배우는 스포츠마케팅

스포츠마케팅은 성공 사례만 보면 단순해 보이지만, 실제 현장에서는 실패가 더 많은 교훈을 남긴다. 특히 스포츠 산업은 감정·경험·관계가 중심이기 때문에, 작은 전략 오류가 브랜드 신뢰를 크게 훼손할 수 있다. 실패 사례를 분석하는 목적은 비난이 아니라, 어떤 판단이 문제였는지, 무엇을 간과했는지, 구조적으로 무엇이 부족했는지를 이해하는 데 있다.

1) 타깃 설정 실패: "모두를 위한 마케팅"의 함정

한 지역의 대형 피트니스센터가 개관하면서 "남녀노소 누구나"를 타깃으로 설정했다. 홍보 문구는 포괄적이었고, 가격도 중간 수준으로 책정했다. 그러나 결과는 기대에 미치지 못했다.

문제는 명확했다. 특정 고객층에 맞춘 차별화가 없었다. 고급 시설을 원하는 고객에게는 평범했고, 가격 민감 고객에게는 비쌌다. 전문 PT를 원하는 고객에게는 프로그램이 얕았고, 초보자에게는 부담스러웠다. 결국 브랜드 정체성이 모호해졌고, 경쟁 센터와 차별화에 실패했다.

이 사례는 STP 전략이 부재할 때 발생하는 전형적 실패다. 스포츠마케팅에서 "누구에게, 왜 필요한가"가 분명하지 않으면 광고비를 투입해도 전환율이 낮다.

2) 과도한 가격 경쟁의 실패

한 동네 태권도장이 신규 회원 유치를 위해 인근 도장보다 낮은 가격 정책을 펼쳤다. 단기적으로 회원 수는 증가했지만, 몇 달 후 재정 압박이 심화되었다. 저가 전략으로 인해 수익성이 떨어졌고, 지도자 인력 확보와 시설 유지에 어려움이 발생했다.

더 큰 문제는 브랜드 가치 하락이었다. 가격을 낮추면 고객은 '가성비'로 인식하지만, 동시에 서비스의 질을 낮게 평가할 가능성도 커진다. 이후 가격을 정상화하려 할 때 저항이 발생했고, 결국 경영 안정성을 잃게 되었다.

스포츠 산업은 지속 소비 산업이다. 가격 전략은 단기 유입보다 장기 운영 가능성을 고려해야 한다. 저가 전략은 차별화가 아닌 생존 전략이 될 때 위험하다.

3) 이벤트 기획의 실패: 참가자 경험 무시

한 지자체가 대규모 마라톤 대회를 개최했지만, 참가자 만족도는 매우 낮았다. 홍보는 성공적이었고 신청자는 많았으나, 현장 운영이 미흡했다. 출발 동선이 혼잡했고, 물품 수령 대기 시간이 길었으며, 안내 인력이 부족했다. 참가자들은 SNS에 불만을 공유했고, 재참여율은 급격히 낮아졌다. 문제는 홍보에 집중한

나머지 참가자 경험 설계를 소홀히 한 데 있었다.

이 사례는 참가자 중심 마케팅의 중요성을 보여준다. 스포츠 이벤트는 모집이 아니라 경험이 핵심이다. 단 한 번의 부정적 경험이 브랜드 신뢰를 장기간 훼손할 수 있다.

4) 디지털 전략 실패: 조회수는 높지만 등록은 없다

한 필라테스 스튜디오가 SNS에서 높은 조회수를 기록했다. 세련된 영상과 트렌디한 음악을 활용해 팔로워 수를 빠르게 늘렸다. 그러나 실제 등록으로 이어지는 비율은 매우 낮았다.

문제는 콘텐츠 방향이었다. 콘텐츠는 '멋있음'에 집중했지만, 초보자가 느끼는 불안이나 체험 과정 안내는 부족했다. 결과적으로 구경하는 사람은 많았지만, 실제로 방문하는 사람은 적었다.

이 사례는 디지털 마케팅에서 전환 설계가 얼마나 중요한지를 보여준다. SNS의 목적은 노출이 아니라 행동 유도다. 프로필 구성, 체험 안내, 가격 정보, 상담 경로가 명확하지 않으면 조회수는 의미가 없다.

5) 브랜드 관리 실패: 신뢰의 붕괴

프로스포츠 구단의 경우, 선수나 운영진의 비윤리적 행동이 브랜드 가치에 직접적인 타격을 준 사례가 반복되어 왔다. 경기 외적인 문제로 신뢰가 하락하면, 팬의 감정적 연결이 끊어진다.

스포츠 브랜드는 감정 기반 산업이기 때문에 신뢰가 핵심 자산이다. 한 번 훼손된 신뢰는 성적 개선만으로 회복되기 어렵다. 따라서 위기 관리와 윤리 경영은 마케팅 전략의 일부로 포함되어야 한다.

6) 과도한 확장의 실패

소규모 스포츠센터가 단기간에 여러 지점을 확장했지만, 운영 인력 관리와 서비스 품질 유지에 실패한 사례도 있다. 확장은 매출 증가로 보이지만, 품질 관리 시스템이 구축되지 않으면 브랜드 일관성이 무너진다.

스포츠 산업은 사람 중심 산업이기 때문에, 지도자와 직원의 역량 관리가 확장 속도를 따라가지 못하면 고객 만족도가 급격히 떨어진다.

정리

스포츠 창업과 실무 적용에서 스포츠마케팅은 선택이 아니라 필수다. 창업 유형에 따라 마케팅 전략은 달라져야 하며, 스포츠센터와 클

럽 운영에서는 관계 중심의 마케팅이 핵심이 된다. 소자본 스포츠 비즈니스는 명확한 타깃과 차별화된 경험을 통해 경쟁력을 확보할 수 있으며, 실패 사례는 시장과 소비자를 이해하는 것이 얼마나 중요한지를 보여준다. 스포츠마케팅은 결국 스포츠 사업을 지속 가능하게 만드는 실천 전략이다.

【현장 스토리】

체육과 졸업생에게 적합한 창업 아이템

제10장에서 다룬 스포츠 창업과 실무 적용의 관점에서 보면, 대한민국의 체육과 졸업생에게 적합한 창업은 "전문성을 크게 키우는 것"보다 이미 가진 전공 역량을 현실 시장에 맞게 재구성하는 것에서 출발하는 경우가 많다. 체육과 졸업생의 강점은 특정 종목 실력보다도, 운동을 구조화하고 사람을 지도하며 현장을 이해하는 능력에 있기 때문이다.

많은 체육과 졸업생이 창업을 떠올릴 때 가장 먼저 생각하는 것은 헬스장이나 태권도장 같은 시설 중심 창업이다. 물론 이러한 창업도 하나의 선택이 될 수 있지만, 초기 자본 부담과 고정비 리스크를 고려하면 졸업 직후에 바로 뛰어들기에는 현실적인 부담이 크다. 제10장에서 강조했듯, 스포츠 창업은 규모보다 유형 선택과 마케팅 구조 설계가 훨씬 중요하다.

예를 들어, 체육과를 졸업한 한 학생이 전공 과정에서 체력 측정, 운동 처방, 기초 트레이닝 지도 경험을 쌓았다면, 대형 헬스장을 차리는 대신 직장인 대상 소규모 체력관리 프로그램을 창업 아이템으로 삼을 수 있다. 이 경우 창업의 핵심은 시설이 아니라 프로그램이다. 출퇴근 전후 시간대에 맞춘 소그룹 트레이닝, 체력 평가와 생활습관 코칭을 결합한 패키지 프로그램은 비교적 적은 자본으로도 시작할 수 있으며, 제10장에서 말한 '프로그램 중심 창업'의 전형적인 사례다. 마케팅 역시 대대적인 광고보다, 체험 수업과 추천을 중심으로 운영할 수 있다.

또 다른 현실적인 사례는 지역 기반 생활체육 클래스 창업이다. 체육과 졸업생은 여러 종목을 접해 본 경험이 있기 때문에, 특정 엘리트 종목이 아니라 걷기, 러닝, 스트레칭, 체력 보강 같은 생활체육 영역에 강점을 가진다. 예를 들어 중·장년층을 대상으로 한 '무릎·허리 부담을 줄이는 걷기 수업'이나 '체력 저하 예방 운동 클래스'는 전문 선수 경력보다도 지도 이해도와 소통 능력이 중요하다. 이러한 창업은 공원, 학교 운동장, 공공체육시설을 활용할 수 있어 고정비 부담이 적고, 지자체 사업이나 지역 커뮤니티와 연계될 가능성도 크다.

제10장에서 언급한 개인 역량 중심 창업 역시 체육과 졸업생에게 매우 현실적인 선택지다. 예를 들어 스포츠과학, 운동생리, 재활운동에 관심을 가진 졸업생은 '운동 상담 중심 코칭' 형태로 창업을 준비할 수 있다. 이는 단순히 운동을 가르치는 것이 아니라, 체력 상태 분석, 운동 계획 설계, 생활 패턴 조정까지 포함하는 서비스다. 디지털 도구를 활용해 비대면 상담이나 운동 관리 콘텐츠를 결합하면, 공간에 크게 의존하지 않는 창업이 가능해진다. 이 경우 스포츠마케팅은 '전문성 과시'가 아니라 '신뢰 형성'

에 초점을 맞추게 된다.

실패 사례에서 배울 점도 중요하다. 많은 체육과 졸업생 창업 실패는 "내가 잘하는 것"만을 기준으로 아이템을 정하고, "시장이 원하는 것"을 충분히 검토하지 않은 데서 발생한다. 제10장에서 강조했듯, 스포츠 창업에서 마케팅은 광고가 아니라 시장 선택과 운영 구조의 문제다. 따라서 창업 전에는 반드시 '누가 돈을 내고 이 서비스를 이용할 것인가', '이 사람이 왜 계속 이용해야 하는가'를 명확히 해야 한다.

종합해 보면, 대한민국 체육과 졸업생에게 적합한 창업은 거창한 스포츠 사업이 아니라, 생활체육·소규모·관계 중심 비즈니스에 가깝다. 체육과에서 배운 지도 능력, 현장 이해, 사람을 다루는 감각은 이러한 창업에서 가장 강력한 자산이 된다. 제10장의 관점에서 스포츠 창업은 "큰 체육관을 여는 일"이 아니라, 운동 경험을 설계하고 지속 가능하게 만드는 일이며, 이 지점에서 체육과 졸업생의 경쟁력은 충분히 발휘될 수 있다.

제5부

실습과 종합 적용

제11장 스포츠마케팅 실습 프로젝트

스포츠마케팅은 개념을 이해하는 것만으로 완성되지 않는다. SWOT 분석, STP 전략, 5P 마케팅 믹스는 서로 분리된 이론이 아니라, 하나의 흐름으로 연결되어 실제 현장에서 의사결정을 돕는 도구다. 이 장에서는 앞선 장에서 학습한 내용을 종합하여, 가상의 스포츠 사업을 설정하고 단계별로 마케팅 전략을 수립하는 실습 프로젝트를 수행한다. 이 과정은 필자가 실제로 대학교에서 가르치는 수업방식이다. 이 실습의 목적은 '정답'을 찾는 것이 아니라, 스포츠마케팅적 사고 과정을 경험하는 데 있다. 분석과 선택, 그리고 그 선택에 대한 논리를 스스로 설명할 수 있다면 실습의 목적은 충분히 달성된 것이다.

1. 가상 스포츠 사업 설정

실습 프로젝트의 첫 단계는 가상의 스포츠 사업을 설정하는 것이다. 이 사업은 반드시 대규모일 필요는 없으며, 오히려 현실적으로 운영 가능한 수준이 적합하다. 예를 들어 지역 체육시설, 소규모 스포츠센터, 개인 트레이닝 프로그램, 스포츠 동호회, 체험형 스포츠 이벤트 등이 적절한 대상이 된다.

사업 설정 단계에서는 사업의 기본 정보를 간단히 정리한다. 어떤 스포츠 종목을 다루는지, 운영 형태는 무엇인지, 주요 고객은 누구인지, 지역이나 환경적 특징은 무엇인지 등을 서술형으로 정리한다. 이 과정은 이후 분석의 기준점이 되며, 사업의 방향성을 명확히 하는 역할을 한다. 중요한 점은 사업 아이디어가 '멋있어 보이는지'가 아니라, 분석과 전략 수립이 가능한지이다.

2. SWOT 분석 작성

가상 스포츠 사업이 설정되면, 제4장에서 학습한 SWOT 분석

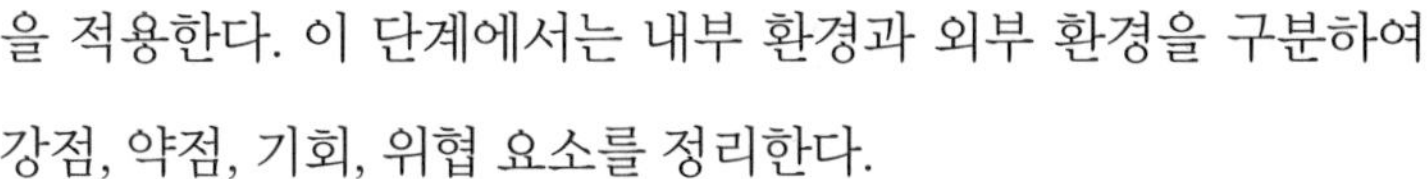

을 적용한다. 이 단계에서는 내부 환경과 외부 환경을 구분하여 강점, 약점, 기회, 위협 요소를 정리한다.

강점과 약점은 사업 내부에서 통제 가능한 요소를 중심으로 분석하며, 시설, 인력, 프로그램, 운영 방식, 경험 요소 등을 포함할 수 있다. 기회와 위협은 외부 환경 변화, 시장 트렌드, 경쟁 상황, 사회적 흐름 등을 기준으로 정리한다.

SWOT 분석에서 중요한 것은 항목의 개수가 아니라, 현실성과 연결성이다. 이후 STP 전략과 5P 믹스 설계에서 활용할 수 있도록, 분석 내용이 실제 전략 선택으로 이어질 수 있어야 한다.

동네 탁구장 창업을 가정하고 SWOT 분석을 실시해 보자.

동네 상권에 소규모 탁구장을 창업한다고 가정해 보자. 대상 고객은 인근 아파트 거주 중장년층, 직장인, 학생 등이며, 평일 저녁과 주말 중심으로 운영되는 구조다.

① Strengths (강점)

동네 탁구장의 가장 큰 강점은 접근성과 친숙함이다. 탁구는 남녀노소 누구나 비교적 쉽게 배울 수 있고, 장비 비용 부담도 낮다. 특히 중장년층과 시니어 계층에게는 익숙한 종목이기 때문에 진입 장벽이 낮다.

또한 헬스장이나 필라테스와 달리 1:1 밀착 관계 중심이 아니라, 자연스럽게 커뮤니티가 형성되는 종목이라는 점도 강점이다.

회원 간 친목 활동과 소모임 형성이 쉬워 재방문율을 높일 수 있다. 운영 측면에서도 상대적으로 시설 투자 비용이 크지 않고, 기구 유지비가 낮다는 점은 초기 창업 리스크를 줄여 준다.

② Weaknesses (약점)

가장 큰 약점은 젊은 층 유입의 한계다. 탁구는 트렌디한 이미지가 약하고, MZ 세대에게는 다소 '중장년 스포츠'로 인식될 가능성이 있다.

또한 단순 대관 중심 운영일 경우 수익 구조가 제한적이다. 시간당 이용료 구조는 안정적이지만, 월 회원제나 레슨 프로그램이 정착되지 않으면 매출 변동성이 클 수 있다.

지도자의 전문성이 부족하거나 프로그램이 단조로우면 금방 지루해질 수 있다는 점도 약점이다. 단순 시설 제공만으로는 장기 경쟁력이 약하다.

③ Opportunities (기회)

최근 생활체육 확대 정책과 고령화 사회 진입은 탁구장 창업에 긍정적 환경이다. 시니어 건강 관리 수요는 지속적으로 증가하고 있으며, 관절 부담이 적은 종목으로 탁구는 적합하다.

또한 학교 스포츠클럽 활동, 직장인 동호회 문화, 지역 커뮤니티 활성화 흐름은 새로운 수요를 창출할 수 있다.

디지털 홍보 기회도 존재한다. SNS를 통해 "초보자 환영", "직장인 퇴근 탁구", "시니어 건강 프로그램" 등으로 세분화 마케팅

을 전개하면 젊은 층 유입도 가능하다.

④ Threats (위협)

가장 큰 위협은 대체 여가 활동과의 경쟁이다. 헬스장, 배드민턴, 볼링, 스크린골프, 러닝 크루 등 다양한 선택지가 존재한다.

또한 지역 인구 감소나 상권 침체는 직접적인 영향을 미친다. 특히 소규모 시설은 지역 경제 변화에 민감하다.

가격 경쟁도 위협 요인이다. 인근에 저가 공공 체육관이나 복합 스포츠센터가 있다면 경쟁 압박이 커질 수 있다.

내적요소 / 외적요소	**S**trength 강점	**W**eakness 약점
Opporttunity 기회	**SO전략** · 강점: 접근성이 좋고 커뮤니티 형성이 쉬움 · 기회: 고령화로 시니어 생활체육 수요 증가	**WO전략** · 약점: 젊은 층 유입이 적음 · 기회: SNS와 디지털 홍보 확산
Ttreat 위협	**ST전략** · 강점: 회원 간 커뮤니티 형성이 쉬움 · 위협: 헬스장, 배드민턴, 스크린골프 등 여가 경쟁 증가	**WT전략** · 약점: 수익 구조가 단순함(시간당 이용료 중심) · 위협: 인근 저가 공공체육관 등장

탁구장을 예로 들어 본 전략

마지막으로 운영자의 개인 의존도가 높다는 점도 리스크다. 지도자나 운영자의 건강 문제, 서비스 품질 저하는 곧 매출 감소로 이어질 수 있다.

3. STP 전략 수립

SWOT 분석을 바탕으로 STP 전략을 수립한다. 먼저 전체 시장을 어떤 기준으로 세분화할 것인지 결정한다. 인구통계적 기준, 라이프스타일, 운동 수준, 스포츠 참여 목적 중 하나 또는 복수의 기준을 활용할 수 있다.

다음으로 세분화된 시장 중에서 가장 적합한 표적시장을 선택한다. 이때 선택의 이유를 명확히 제시해야 한다. 시장 규모, 경쟁 상황, 사업의 강점과의 적합성 등을 근거로 삼는다.

마지막으로 포지셔닝을 설정한다. 선택한 표적시장에게 어떤 스포츠 사업으로 인식되기를 원하는지, 어떤 차별점을 강조할 것인지를 문장으로 정리한다. 포지셔닝은 이후 5P 전략의 방향을 결정하는 핵심 기준이 된다.

앞에서 이야기한 탁구장을 예로 STP 전략을 수립하면 다음과 같다.

1) Segmentation (시장 세분화)

탁구장은 단순히 “운동을 좋아하는 사람”을 대상으로 해서는 안 된다. 지역 상권을 기준으로 고객을 몇 가지 집단으로 나눌 수 있다.

① 연령 기준 세분화

- 청소년·학생층
- 20~30대 직장인
- 40~50대 중장년
- 60대 이상 시니어

② 이용 목적 기준 세분화

- 건강 관리 목적
- 취미·여가 목적
- 동호회 활동 목적
- 기술 향상·대회 준비 목적

③ 이용 빈도 기준 세분화

- 가벼운 사용자(주 1회 이하)
- 중간 사용자(주 2~3회)
- 헤비 사용자(주 4회 이상)

④ 시간대 기준 세분화

- 오전 이용자(시니어 중심)

- 저녁 이용자(직장인 중심)
- 주말 가족 이용자

이처럼 세분화하면, 탁구장은 생각보다 다양한 고객 집단을 대상으로 설정할 수 있다.

2) Targeting (표적시장 선정)

모든 집단을 동시에 공략하면 자원이 분산된다. 동네 소규모 탁구장이라면 현실적으로 1~2개의 핵심 시장을 선정하는 것이 바람직하다.

① 1차 타깃: 40~60대 건강 중심 중장년층

- 이유: 탁구에 대한 친숙도 높음
- 낮은 진입 장벽
- 안정적인 주간 이용 가능
- 장기 회원 가능성 높음

② 2차 타깃: 20~30대 직장인 취미층

- 퇴근 후 운동 수요
- 소모임·동호회 활동 가능
- SNS 홍보 확산 가능

즉, "시니어 중심 + 직장인 보조 시장" 구조로 설정하는 것이 현실적이다.

3) Positioning (포지셔닝)

이제 중요한 단계는 “우리 탁구장은 어떤 이미지로 인식될 것인가”를 정하는 것이다.

❖ 포지셔닝 방향 제안

“동네에서 가장 편안하고 오래 다닐 수 있는 건강 탁구 공간”

핵심 메시지는 다음과 같다.

- 초보자 환영
- 건강 중심 운동
- 커뮤니티 중심 공간
- 과도한 경쟁 지양

즉, 전문 선수 양성 중심이 아니라, “건강·관계·지속성” 중심으로 자리 잡는 전략이다.

4. 5P 믹스 설계

STP 전략에서 설정한 방향을 실제 실행 전략으로 구체화하는 단계가 5P 믹스 설계다. 이 단계에서는 Product, Price, Place, Promotion, People 요소를 각각 설계하되, 서로 일관된 방향성을 유지하는 것이 중요하다.

제품(Product)에서는 제공할 스포츠 프로그램이나 서비스의 핵심 특징을 정리한다. 가격(Price)은 표적시장의 특성과 접근성을 고려하여 설정한다. 장소(Place)는 실제 공간뿐만 아니라 운영 시간과 접근 방식까지 포함한다. 촉진(Promotion)은 어떤 메시지와 채널을 통해 참여를 유도할 것인지에 초점을 둔다. 사람(People)은 트레이너, 운영자, 참여자 간의 관계와 서비스 태도를 중심으로 설계한다.

이 과정에서 중요한 것은 모든 요소를 '최대치'로 설정하는 것이 아니라, 선택과 집중을 통해 현실적인 전략을 만드는 것이다.

탁구장을 예로 5P 전략을 수립하면 다음과 같다.

1) Product (제품 전략)

탁구장의 제품은 단순히 '탁구대 대여'가 아니다. 핵심 제품은 건강·즐거움·관계 형성이라는 경험이다.

① 기본 제품

- 자유 이용 시간제 운영
- 월 회원제 운영
- 탁구대 대관

② 확장 제품

- 시니어 건강 탁구반
- 직장인 저녁 클래스
- 초보자 기초반
- 정기 리그전 및 소모임 운영
- 동호회 지원 프로그램

③ 부가 서비스

- 개인 레슨 프로그램
- 탁구용품 소규모 판매
- 운동 후 휴식 공간 제공

전략 방향은 "단순 대관 공간"이 아니라 프로그램 중심 운영으로 차별화하는 것이다.

2) Price (가격 전략)

탁구장은 가격 경쟁에 빠지기 쉬운 업종이다. 따라서 단순 저가 전략보다 가치 기반 가격 전략이 중요하다.

① 기본 요금

- 시간제 이용료
- 월 회원권
- 3개월·6개월 장기 할인

② 차별화 요금

- 시니어 오전 할인
- 직장인 야간 패키지
- 레슨 포함 프리미엄 회원권
- 전략 핵심 : 가격을 낮추기보다, "꾸준히 다닐수록 유리한 구조" 설계, 단기 이용보다 장기 등록 유도.

3) Place (장소 전략)

동네 탁구장의 장소 전략은 접근성과 편안함이 핵심이다.

① 입지 전략

- 아파트 밀집 지역
- 대중교통 접근성 확보
- 주차 공간 확보

② 공간 구성

- 초보자 구역 분리
- 휴식 공간 마련
- 쾌적한 조명·환기

③ 부대시설

- 샤워실·탈의실 청결 유지
- 소규모 카페형 휴식 공간

전략 방향은 "경쟁 시설보다 고급"이 아니라, 편안하고 오래 머물 수 있는 공간이다.

4) Promotion (촉진 전략)

소규모 탁구장은 대규모 광고보다 지역 밀착 홍보가 효과적이다.

① 오프라인 홍보

- 아파트 게시판 홍보
- 지역 커뮤니티 제휴
- 오픈 이벤트 무료 체험

② 온라인 홍보

- 인스타그램·네이버 블로그 운영
- 직장인 퇴근 탁구 콘텐츠 제작
- 회원 후기 공유

③ 이벤트 전략

- 월간 리그전 개최
- 가족 탁구대회
- 시니어 친선 경기

홍보 메시지는 "경쟁"보다 "건강·즐거움·관계"를 강조한다.

5) People(사람 전략)

탁구장은 사람 중심 산업이다. 지도자의 태도가 곧 브랜드 이미지다.

① 지도자 전문성

- 기본 레슨 프로그램 체계화
- 초보자 친화 지도 방식

② 서비스 마인드

- 이름을 기억하는 운영
- 신규 회원 적응 지원

③ 커뮤니케이션

- 정기 피드백 제공
- 회원 간 네트워킹 유도

④ 조직 문화

- 안전 최우선 원칙
- 친절·배려 중심 문화 정착

핵심은 “동네 스포츠 커뮤니티 리더”로 자리 잡는 것이다.

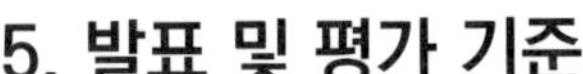

5. 발표 및 평가 기준

실습 프로젝트의 마지막 단계는 결과를 정리하여 발표하는 것이다. 발표는 사업 개요, SWOT 분석, STP 전략, 5P 믹스의 흐름이 자연스럽게 이어지도록 구성한다. 단순한 이론 나열이 아니라, 왜 그런 선택을 했는지에 대한 설명이 포함되어야 한다.

평가 기준은 결과의 화려함보다 논리성과 일관성에 초점을 둔다. 분석 내용이 서로 연결되어 있는지, 설정한 표적시장과 마케팅 믹스가 일치하는지, 현실적인 실행 가능성이 있는지가 주요 평가 요소가 된다.

이 실습의 핵심은 스포츠마케팅 전략을 하나의 이야기로 설명할 수 있는가에 있다.

정리

스포츠마케팅 실습 프로젝트는 이 책의 내용을 종합적으로 적용하는 과정이다. 가상의 스포츠 사업을 통해 SWOT 분석, STP 전략, 5P 마케팅 믹스를 직접 설계해 봄으로써, 스포츠마케팅이 이론만이 아닌 의사결정의 도구임을 이해할 수 있다. 이 장의 실습은 향후 실제 현장에서 스포츠마케팅 전략을 고민할 때 중요한 사고 틀로 작용할 것이다.

【현장 스토리】

5P 믹스 설계를 통해 성공한 클라이밍 짐

충남 천안시 외곽에 위치한 위치한 한 실내 클라이밍 짐은 개관 초기만 해도 일반 헬스장과 크게 다르지 않은 홍보 방식을 사용했다. "운동 효과가 좋다", "전신 근력 강화"와 같은 기능 중심 메시지에 집중했고, 가격도 인근 체육시설과 비슷한 수준으로 책정했다. 그러나 초반 유입은 있었지만 재방문율이 낮았다. 문제는 암벽등반을 '운동 종목'으로만 설명했지, '경험 산업'으로 설계하지 않았다는 점이었다.

이후 운영자 박민영은 5P 전략을 전면적으로 재설계했다.

1. Product(제품) 전략 - "운동"이 아닌 "문화"로 재정의

기존에는 단순 이용권 중심 구조였다. 그러나 재설계 이후, 제품을 다음과 같이 재구성했다.

- 초보자 전용 입문 클래스 운영
- 여성 전용 클라이밍 클래스 신설
- 4주 완성 프로그램 도입
- 월 1회 미니 대회 및 챌린지 이벤트

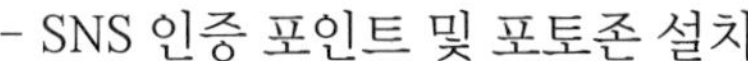

- SNS 인증 포인트 및 포토존 설치

암벽등반을 단순한 체력 운동이 아니라, 도전과 성취의 경험, 커뮤니티 문화로 재포지셔닝했다. 특히 "처음 해도 괜찮은 스포츠"라는 메시지를 강화해 진입 장벽을 낮췄다.

그 결과 초보자 체험 등록 비율이 크게 증가했다.

2. Price(가격) 전략 - 체험 중심 진입 구조

기존의 단일 월회원권 구조를 세분화했다.

- 1일 체험권 저가 운영
- 2주 체험 패키지 도입
- 친구 동반 할인
- 장기 등록 시 장비 대여 무료

암벽등반은 장비 비용 부담이 진입 장벽이 된다. 이를 해결하기 위해 초보자 대상 장비 무료 대여 정책을 강화했다. 가격을 낮춘 것이 아니라, 초기 부담을 줄이는 구조로 설계한 것이다.

그 결과 체험 → 정기 등록 전환율이 눈에 띄게 상승했다.

3. Place(장소) 전략 - 공간을 'SNS 친화형'으로 설계

이곳은 천안시 최대규모의 시설이지만, 단순 규모만으로는 차별화가 어려웠다. 따라서 공간 디자인을 전략적으로 개선했다.

- 밝은 색감의 벽면 구성
- 사진 촬영이 가능한 포인트 존 설치
- 휴식 공간 카페형 구조 도입
- 동선 분리(초보자·중급자 구역 분리)

이로 인해 자연스럽게 SNS 콘텐츠가 생성되었고, 방문자가 자체 홍보 채널 역할을 하게 되었다. 공간 자체가 브랜드 이미지를 형성한 것이다.

4. Promotion(촉진) 전략 - 콘텐츠 중심 마케팅

이 시설은 광고보다 콘텐츠에 집중했다.

- "첫 성공 순간" 영상 시리즈 제작
- 초보자 도전기 숏폼 콘텐츠 제작
- 회원 인터뷰 및 후기 공유
- 지역 러닝·요가 커뮤니티와 콜라보 이벤트

특히 초보자의 성취 순간을 짧은 영상으로 제작하여 SNS에 공유하면서, "나도 할 수 있다"는 메시지를 전달했다. 전문 선수 이미지가 아닌, 일반 직장인의 성장 스토리를 강조한 것이 핵심이었다. 이 전략은 조회수보다 체험 신청으로 이어지는 구조를 만들었다.

5. People(사람) 전략 - 코치의 브랜드화

운영진은 코치 교육에 투자했다.

- 초보자 응대 매뉴얼 구축
- 긍정적 피드백 중심 지도법 도입
- SNS에서 코치 개인 계정 운영

암벽등반은 두려움을 동반하는 스포츠다. 코치의 말 한마디가 참여 지속 여부를 결정한다. 이 시설은 "친절하고 설명이 쉬운 코치" 이미지를 구축했다.

회원들은 코치와의 관계를 이유로 재등록했고, 자연스럽게 커뮤니티가 형성되었다.

결과와 시사점

5P 재설계 이후, 이 시설은 다음과 같은 변화를 보였다.

- 체험 신청 증가
- 체험 → 정기 등록 전환율 상승
- SNS 자연 노출 증가
- 재등록률 향상
- 지역 내 '클라이밍 입문 명소'로 브랜드 형성

이 사례의 핵심은 암벽등반이라는 종목 자체의 매력이 아니라, 5P를 일관되게 연결해 경험을 설계했다는 점이다.

Product는 도전 경험으로 재정의했고

Price는 진입 장벽을 낮췄으며

Place는 문화 공간으로 만들었고

Promotion은 스토리 중심으로 운영했으며

People은 신뢰 기반 관계를 구축했다.

결론

스포츠 시설의 성공은 종목의 인기 여부가 아니라, 5P 전략을 얼마나 체계적으로 설계하느냐에 달려 있다. 실내 암벽등반은 니치 종목이지만, 올바른 5P 설계가 이루어지면 강력한 커뮤니티형 비즈니스로 성장할 수 있다.

제12장 스포츠마케팅의 미래

스포츠마케팅은 고정된 기술이나 공식이 아니다. 사회 변화, 기술 발전, 사람들의 라이프스타일 변화에 따라 끊임없이 재구성되는 영역이다. 이 장에서는 스포츠마케팅이 앞으로 어떤 방향으로 변화하고 있는지, 기술과의 결합이 무엇을 의미하는지, 그리고 전공자와 비전공자가 각각 어떤 준비를 해야 하는지를 살펴본다. 이를 통해 스포츠마케팅을 배우는 궁극적인 이유를 다시 한 번 정리한다.

1. 스포츠마케팅의 변화 방향

스포츠마케팅은 과거처럼 '알리는 일'에 머물지 않는다. 변화의 핵심은 노출 중심에서 경험 중심으로, 대상 확대에서 관계 집중으로 이동하고 있다는 점이다.

과거에는 많은 사람에게 브랜드를 보여주는 것이 중요했다면, 이제는 적은 수의 참여자라도 깊은 관계를 형성하는 것이 더 큰 가치를 만든다. 스포츠 소비자는 단순한 관객이나 고객이 아니라, 브랜드 경험의 일부가 되었고, 이들의 참여와 반응이 마케팅 성과를 결정한다.

또한 스포츠마케팅은 점점 대형 이벤트나 프로 스포츠 중심에서 벗어나, 생활체육, 지역 스포츠, 소규모 커뮤니티 영역으로 확장되고 있다. 이는 스포츠마케팅의 기회가 특정 산업이나 전공자에게만 국한되지 않음을 의미한다.

2. 기술과 스포츠마케팅

기술은 스포츠마케팅의 방식뿐만 아니라 사고 구조 자체를 바꾸고 있다. 디지털 플랫폼, 데이터 분석, 영상 콘텐츠, 온라인 커뮤니티는 스포츠마케팅의 기본 환경이 되었다.

기술의 핵심은 효율성보다 연결성에 있다. 기술은 스포츠와 사람을 더 자주, 더 가까이 만나게 한다. 참여 기록, 콘텐츠 공유, 커뮤니티 활동은 스포츠 경험을 일회성으로 끝내지 않고 축적되도록 만든다.

그러나 기술 그 자체가 스포츠마케팅의 목적이 되는 것은 아니다. 중요한 것은 기술을 통해 어떤 경험을 설계하고, 어떤 관계를 만들어 가는가이다. 기술은 도구일 뿐이며, 스포츠마케팅의 중심에는 여전히 사람이 존재한다.

3. 전공자·비전공자를 위한 준비 전략

스포츠마케팅은 전공자에게만 열려 있는 영역이 아니다. 오히려 다양한 배경을 가진 사람들이 각자의 강점을 결합할 수 있는 분야다.

전공자에게 중요한 준비 전략은 이론을 현장 언어로 바꾸는 능력이다. SWOT, STP, 5P를 암기하는 데 그치지 않고, 실제 상황에서 선택과 판단의 기준으로 활용할 수 있어야 한다. 또한 현장 경험을 통해 사람과 조직을 이해하는 능력이 중요하다.

비전공자에게는 스포츠를 바라보는 관점이 가장 큰 자산이 된다. 소비자로서의 경험, 커뮤니케이션 능력, 콘텐츠 제작 능력, 기획 감각은 스포츠마케팅에서 충분히 경쟁력이 된다. 중요한 것은 '운동을 잘하는가'가 아니라, '사람과 경험을 이해하는가'이다.

공통적으로 필요한 준비는 관찰과 기록이다. 스포츠 현장에서 일어나는 작은 경험을 놓치지 않고, 그것이 왜 중요한지 생각하는 태도가 스포츠마케팅 역량으로 이어진다.

4. 스포츠마케팅을 배우는 이유

스포츠마케팅을 배우는 이유는 단순히 스포츠 산업에 취업하기 위해서만은 아니다. 스포츠마케팅은 사람의 선택과 행동을 이해하는 학문이며, 동시에 현실적인 문제 해결의 도구다.

이 책에서 다룬 SWOT 분석, STP 전략, 5P 마케팅 믹스는 스포츠를 넘어 다양한 분야에 적용할 수 있는 사고 틀이다. 스포츠라는 친숙한 소재를 통해 마케팅의 본질을 이해하고, 이를 현실에 적용해 보는 과정은 실무적 사고력을 키우는 데 큰 도움이 된다.

스포츠마케팅은 결과를 통제하기 어려운 환경 속에서, 어떻게 하면 사람들이 계속 참여하고 싶어지도록 만들 수 있는지를 고민하는 분야다. 그 과정에서 배우는 것은 마케팅 기법이 아니라, 사람을 이해하는 방식이다.

에필로그

스포츠마케팅은 구조다.

이 책을 마치며, 나는 한 가지를 분명히 말하고 싶다. 스포츠마케팅은 홍보 기술이 아니다. 그것은 사업을 지속 가능하게 만드는 구조 설계의 일이다. 나는 강의실에서 이론을 가르치고, 현장에서 시설을 운영해 왔다. 그 두 공간을 오가며 확인한 사실은 단순하다. 통하는 전략에는 공통점이 있다.

첫째, 수익 구조가 먼저 설계되어야 한다. 고객이 많아도 구조가 약하면 시설은 흔들린다. 가격, 프로그램, 비용, 재방문율은 하나의 시스템 안에서 설계되어야 한다.

둘째, 고객은 '이용자'가 아니라 '관계'다. 일회성 방문은 매출을 만들지만, 지속적인 관계는 사업을 만든다. 고객 경험은 이벤트가 아니라 설계의 결과다.

셋째, 현장에서 검증되지 않은 전략은 과감히 수정해야 한다. 이론은 출발점일 뿐이다. 숫자가 말해 주는 방향으로 끊임없이 조정해야 한다. 스포츠시설 운영은 고정된 답이 아니라, 지속적인 최적화의 과정이다. 스포츠는 감동의 산업이다. 그러나 감동만으로 시설은 유지되지 않는다. 감동 위에 구조가 세워질 때, 비로소 사업은 지속가능하게 된다.

나는 여전히 배우는 중이다. 강의실에서 질문을 받고, 현장에서 답을 확인한다. 그리고 그 과정을 통해 확신하게 되었다. "현장에서 통하는 전략은 단순하다. 그러나 그것을 끝까지 실행하는 일은 단순하지 않다." 이 책이 누군가에게는 막연한 열정을 구체적인 설계도로 바꾸는 계기가 되기를 바란다. 스포츠로 사업을 한다는 것은 좋아하는 일을 직업으로 삼는 일이 아니라, 좋아하는 일을 지속 가능하게 만드는 일이기 때문이다.

2026년 2월

저자 박종화

참고문헌

김도균(2011). 스포츠마케팅. 오래.

김영진(2023). 꿈의 스포츠마케팅. 이지컴.

이병기,김주호(2014). 스포츠마케팅 플러스. 대경북스.

이훈영(2002). e 마케팅 플러스. 무역경영사.

Andreff, W., & Szymanski, S. (2006). Handbook on the economics of sport. Edward Elgar.

Beech, J., & Chadwick, S. (2013). The business of sport management (2nd ed.). Pearson.

Gratton, C., & Taylor, P. (2000). Economics of sport and recreation. Spon Press.

Hoye, R., Smith, A., Nicholson, M., & Stewart, B. (2015). Sport management: Principles and applications (4th ed.). Routledge.

Jenkins, H. (2006). Convergence culture: Where old and new media collide. NYU Press.

Kotler, P., & Keller, K. L. (2016). Marketing management (15th ed.). Pearson.

Kotler, P., Kartajaya, H., & Setiawan, I. (2021). Marketing 5.0: Technology for humanity. Wiley.

Mullin, B. J., Hardy, S., & Sutton, W. A. (2014). Sport marketing (4th ed.). Human Kinetics.

Pedersen, P. M., & Thibault, L. (Eds.). (2019). Contemporary sport management (6th ed.). Human Kinetics.

Pitts, B. G., & Stotlar, D. K. (2013). Fundamentals of sport marketing (4th ed.). Fitness Information Technology.

Ryan, D. (2016). Understanding digital marketing (4th ed.). Kogan Page.

Shank, M. D., & Lyberger, M. R. (2015). Sports marketing: A strategic perspective (5th ed.). Routledge.

Smith, A. C. T. (2008). Introduction to sport marketing. Elsevier Butterworth-Heinemann.